T0009738

LAS CONTROVERSIAS DE DIOS

Comentario al libro de Malaquías

Eliseo Casal

Editorial CLIE
www.clie.es

EDITORIAL CLIE
C/ Ferrocarril, 8
08232 VILADECAVALLS
(Barcelona) ESPAÑA
E-mail: clie@clie.es
http://www.clie.es

LAS CONTROVERSIAS DE DIOS
COMENTARIO AL LIBRO DE MALAQUÍAS
ISBN: 978-84-19055-58-3
Depósito legal: B 14929-2023
Comentario bíblico - Antiguo Testamento - Profetas
REL006780

Acerca del autor

Eliseo Casal Chousa, nació el 18 de febrero de 1958, es el mayor de siete hermanos. Está casado con Noemí Martín, tienen tres hijos casados y seis nietos. Trabajó durante quince años en un banco, tarea que combinó con estudios y formación profesional. Los últimos años ocupó el cargo de Interventor de oficina. Sintió el llamado del Señor a un ministerio a tiempo completo en el año 1986, dejando su trabajo en el banco para servir en la iglesia y formarse teológicamente.

Cursó estudios bíblicos en EBE, IBSTE (graduado en 1992) y tiene el título de licenciado y máster en Biblia y Teología por la FCT.

Fue encomendado como obrero en las Asambleas de Hermanos en el año 1991, desarrollando labor pastoral y de enseñanza. Actualmente forma parte del consejo pastoral de la EUB en Barcelona.

En el campo de la formación bíblica es rector de Escriturasonline, escuela bíblica por Internet, decano de SEBTI y preside la Asociación de Seminarios e Institutos Bíblicos, ASIB. Imparte clases, en especial sobre libros del Antiguo Testamento. Coordina los encuentros de IBCM HISPANO. Coordina y participa activamente en proyectos misioneros desde hace veinte años, especialmente en Centroamérica. Es presidente de la Coordinadora de Asambleas de Hermanos en Cataluña y responsable del grupo de formación de la COAHES. Miembro del comité de Lausana en España, tiene un vivo interés por relacionar el conocimiento bíblico con el discipulado y la misión de Dios.

Índice

Dedicatoria

Dedico este libro a mi familia, quienes han soportado con amor mis debilidades y han sido un fiel apoyo en el ministerio al que me llamó el Señor.

Especialmente a mi esposa Noemí con quien he podido recorrer más de treinta y cinco años de ministerio, tanto en aguas tranquilas como turbulentas, con su fiel amor y compañía.

Agradecimientos

A Pedro Fuentes por su ejemplo y ser acicate en ponerme a escribir; gracias por tu amistad y ánimo. Siempre la página en blanco me ha causado impresión como si mancharla con deformes trazos fuese una profanación; gracias por ayudarme a superar este «trauma». Gracias también a Francisco Mira por haber dedicado su tiempo a la lectura del manuscrito y animarme en su publicación. A mi muy apreciado Samuel Pérez Millos por su prólogo y las siempre enriquecedoras charlas alrededor de un café, siempre que podemos. A mi querida cuñada Rut por su excelente trabajo, aportaciones y ánimo. Y finalmente, a la editorial Clie, en las personas de Alfonso Ropero y Alfonso Triviño, por la acogida de mi aportación al estudio del profeta Malaquías.

Prólogo

La profecía, al igual que el resto de la Escritura, como Palabra inspirada plenariamente por Dios, es un elemento de vital importancia para la vida cristiana. Por medio de la Palabra se produce el crecimiento espiritual y, mediante ella, Dios habla en exhortación y corrección, pero también en aliento y gracia, para que el creyente *sea perfecto, enteramente preparado para toda buena obra* (2 Tm 3:17).

Siendo parte de la revelación de Dios, la profecía no tiene que ver solo con eventos futuros, sino que es el mensaje amoroso que él dirige a su pueblo, al objeto de que la vida de los creyentes, en cualquier tiempo, se ajuste a los propósitos divinos de testimonio. Debido a ello, las profecías bíblicas tienen siempre un valor actual. El tiempo no las afecta, dejándolas sin aplicación. Las demandas de santidad, honestidad, ética, amor, compromiso, fidelidad, etc., son tan actuales hoy como lo fueron para los creyentes de la antigüedad. Esto se descubre fácilmente al estudiar la profecía de Malaquías, objeto de este libro. Los temas fundamentales del escrito tienen que ver con el compromiso de servicio y vida del cristiano. Las advertencias sobre las consecuencias que acarrean la desatención a estos compromisos, son tanto o más necesarias hoy, que cuando fueron escritas. El descubrimiento de pecados e imperfecciones íntimas que Dios pone de manifiesto para aquellos días, son revelaciones de males espirituales, lamentablemente normales, en el día de hoy. Estos mensajes, sin adornos literarios, son concisos, claros y concluyentes, en la *Profecía de Malaquías*, impulsando al creyente a tomar decisiones personales muy profundas.

Hay dos clases de escritores en el llamado *mundo evangélico*, los que saben y escriben y los que escriben sin saber. Los últimos son más abundantes, buscan el aplauso fácil y procuran sobre una supuesta base bíblica, producir escritos *motivacionales*, que satisfagan lo que un gran número de lectores quiere oír. Los primeros, aquellos que saben y escriben lo que saben, apoyan su escrito en la Biblia, comentan el texto y aplican el mensaje para el lector de cualquier tiempo. Estos son los que realmente tienen algo que decir en aquello que escriben, porque descansan en el principio esencial del ministerio de enseñanza la *Sola Scriptura*. Cada vez es más necesario un ministerio así, en un entorno donde día a día se sustituye más la Biblia por experiencias personales, y sugerencias con aparente pintura bíblica, que conducen, cada vez más, a creyentes que son fácilmente arrastrados por posiciones no bíblicas, que confunden y desorientan la vida cristiana.

Entre los que saben que deben escribir y escriben lo que saben con fundamento bíblico está Eliseo Casal, a quien conozco desde hace muchos años, con quien he compartido ministerio, al que me ha vinculado tareas comunes de enseñanza, y con el que me he sentido identificado en todo lo que tiene que ver con predicar la Biblia y aplicarla a la vida del pueblo de Dios.

Eliseo logra presentar en este escrito las dos facetas destacables en un comentario a la profecía de Malaquías *[Las controversias de Dios. Comentario al libro de Malaquías]*, la interpretación del texto bíblico desde la hermenéutica histórico-literal, y la aplicación del mensaje al contexto actual. Baste una sencilla lectura para descubrirlo. Reflexiona sobre el amor como elemento fundamental del ministerio cristiano. Se detiene en el mandamiento de honrar a los padres, para elevarlo a la dimensión que el profeta procura sobre la honra que debemos a Dios, no desde la comprensión bíblico-teológica, sino desde la valoración personal de quien es él para nosotros, lo que compromete nuestro amor en una expresión visible con nuestras vidas. Analiza el pasaje de las ofrendas, haciendo notar que cuando se convierte en una expresión de religiosidad no es agradable a Dios, para hacernos notar en aplicación de la enseñanza, que no todo lo que hacemos agrada al Señor. Hace notar también que el hastío en el servicio y culto de los tiempos de Malaquías, se repite también en el día de Dios, en donde muchos declinan la responsabilidad en el ministerio, y olvidan el privilegio del servicio. No se puede pasar inadvertido, en la lectura del texto de este libro, el grave problema social de la deslealtad y rotura del matrimonio, haciéndonos notar que esto ocasiona el problema de oraciones impedidas.

Mi satisfacción al escribir este prólogo, viene complementada con la recomendación de una lectura sosegada del escrito, haciéndolo desde la humilde posición de quien dice: *Habla, Señor, tu siervo escucha*. Quiero recomendar con todo afecto la lectura de esta obra, como una aportación valiosa en el terreno exegético-aplicativo-pastoral, que enriquece significativamente lo que se ha escrito sobre esta profecía de Malaquías *[Las controversias de Dios. Comentario al libro de Malaquías]*.

Vigo, 2 de enero 2022
Samuel Pérez Millos
Pastor fundador de la Iglesia Unida de Vigo

Prefacio

¿Te has sentido desalentado alguna vez? Seguro que sí. ¿Te has preguntado si vale la pena el esforzarte para servir al Señor, sobre todo cuando no aparecen resultados inmediatos?

El ministerio, o servicio a Dios, se ve afectado por las circunstancias que nos toca vivir, por nuestras expectativas e ilusiones, por nuestra visión y comprensión de Dios. No vivimos aislados, sino en un entorno que nos afecta y en el que, a pesar de ello, estamos llamados a servir con gozo y fidelidad al Señor.

¿Cómo podemos llevar a cabo este llamado con gozo, entusiasmo, renovadas fuerzas, pensando no solo en los buenos y vibrantes momentos cuando todo parece ir bien, sino en aquellos momentos donde la luz parece apagarse y nuestro entusiasmo y fuerzas flaquean? ¿Cómo reavivar la llama de la pasión por el Señor y servirle con alegría y fervor? Malaquías tiene mucho que decirnos al respecto. Por eso, querido lector, quiero invitarte a que me acompañes en un viaje por el tiempo para juntos dialogar con Malaquías, un profeta con un profundo mensaje en el que no nos debemos quedar en la superficie.

Digo «dialogar» porque esta es la intención de este libro, dialogar en una mesa en la que, a través de Malaquías, la palabra principal la tiene Dios mismo. Él plantea las cuestiones principales con afirmaciones y preguntas incisivas que examinan el interior del corazón de sus hijos. Un diálogo que extenderemos para escuchar también a otros que nos ayudarán a entender la importancia y el sentido de lo que dice. Escucharemos, por tanto, también a Moisés, representado por la Ley, a los profetas y otros escritores del Antiguo Testamento. Daremos paso también a Jesús y los apóstoles del Nuevo Testamento para que sea un diálogo más fructífero y podamos acercarnos al sentido más profundo del mensaje del profeta escuchando a otros maestros, incluido el Maestro por excelencia.

Este diálogo tiene unos últimos interlocutores, tú y yo en nuestro contexto actual, porque el texto se escribió para nuestra enseñanza, para que aprendamos y seamos capaces de aplicar sus principios a nuestra situación presente. Así, el propósito de este comentario no es transmitir información del pasado, sino comprender para aplicar, aunque para comprender usemos todas las herramientas posibles a nuestro alcance.

El tema central que nos plantea el libro es el ministerio o servicio a Dios. Aunque el texto original está centrado especialmente en los sacerdotes, su aplicación hoy tiene que ver con el ministerio de todo creyente. El ministerio se conecta con la vida, con toda la vida y las relaciones que la circundan, desde el núcleo familiar más íntimo al ámbito social más amplio.

La importancia del texto para hoy radica en que, detrás de las formas que se corresponden al estatuto religioso de Israel, Malaquías profundiza en las verdaderas motivaciones e intenciones del corazón que se ponen en evidencia, como no puede ser de otra manera, en la forma de conducta, actitudes y decisiones que tomamos. El hacer habla del ser. La hipocresía puede ocultar la realidad durante un tiempo, pero, en cuanto escarbas, sale a la luz la intención del corazón; especialmente a la luz de la Palabra de Dios, que todo lo escudriña.

Así que no van a ser tanto otros los que nos descubran, sino la Palabra misma con la que dialogaremos, la que alumbrará nuestros corazones a fin de examinarnos y ver si andamos a la luz de la voluntad de Dios para nosotros.

Pongámonos en contexto

El libro de Malaquías presenta seis controversias de Dios con su pueblo en las que abordará temas capitales como la relación y el valor que le damos a Dios, la forma en que la fe afecta nuestras relaciones y compromisos, la actuación de Dios en un mundo injusto, la administración de los recursos y la esperanza escatológica.

Ahora bien, no es posible comprender bien un texto sin conocer las circunstancias que lo envuelven y que, como ropaje, lo visten de una determinada manera. Los aspectos históricos y culturales le dan al texto su color y nos ayudan a entenderlo, porque no se puede comunicar sino dentro de la cultura y la historia que vivimos. Estos aspectos, a la vez, nos invitan a ir más allá para descubrir lo común con nuestra propia situación, que en el texto bíblico tiene que ver con aquellos principios atemporales que Dios nos comunica a través de su Palabra.

El libro de Malaquías se escribe en tiempos de desaliento. El tono del libro, sus denuncias, la actitud de los servidores del 'Templo', dibujan una época de desencanto.

Un primer dato que notaremos para el contexto es la mención «príncipe» o «gobernador» (1:8).[1] No había rey, los tiempos de esplendor quedaban muy lejos, eran un recuerdo del que se podía hablar, pero no una realidad experimentada. Lo que había dado renombre a Israel en otros tiempos, lo que había causado admiración entre otros pueblos, ahora era cosa del pasado. Ni las victorias de David, ni la sabiduría de Salomón, ni el templo construido, ni las acciones portentosas de Dios librando a su pueblo de enemigos poderosos, como en tiempos de Ezequías, eran experiencias latentes en la vida del pueblo de Dios. Sus antecedentes históricos más inmediatos estaban marcados por el juicio de Dios a causa de su rebeldía. La destrucción de Jerusalén y del templo, y el exilio fueron experiencias que habían marcado al pueblo, y la generación presente en ese momento aún vivía sus consecuencias. Es cierto que un grupo de judíos había podido regresar después de setenta años de cautiverio, y lo habían hecho con expectativas: reconstruir el templo, reavivar la llama nacional. Sin embargo, el templo ahora levantado distaba mucho de lo

---

1. Ward Gasque, W. *The International Bible Commentary* (ed. F. F. Bruce) Grand Rapids: Zondervan, 1986 (1ª ed. 1979), p. 989. La palabra hebrea aquí es *pejah* (cf. Hag 1:1 aplicado a Zorobabel; Neh 5:14). RVR95 traduce «príncipe». Se trata de un título persa para gobernador. La explicación posterior de «no había rey» hace referencia a los tiempos pasados, antes del exilio. A partir del exilio, durante la época de Esdras-Nehemías, lo que tenemos son gobernadores al servicio del Imperio persa. Así que no debemos ver una conexión entre rey y príncipe. Walvoord, J. F., & Zuck, R. B. *El conocimiento bíblico, un comentario expositivo: Antiguo Testamento, tomo 6: Daniel-Malaquías* (p. 319). Ediciones Las Américas, A.C. 2001.

que había sido el anterior; no tenían rey y estaban bajo el dominio del Imperio persa. Los países vecinos estaban en constante conflicto con ellos poniendo todas las trabas que podían para que Judá no levantase cabeza. El anuncio de restablecimiento de la dinastía davídica había creado esperanzas, pero estas no se estaban cumpliendo, seguían con un gobernador bajo el yugo extranjero.

Este contexto general, que nos sitúa en los tiempos del postexilio con el regreso de grupos de judíos a Jerusalén a partir del edicto de Ciro en el año 538 a. C., se puede concretar un poco más ya que se dibuja una situación cuando el entusiasmo por las profecías de Hageo y Zacarías, que llevaron a la reconstrucción del Templo y a esperar la restauración de la dinastía davídica, ya habían quedado apagadas y, tal como describen los libros de Esdras y Nehemías, había pasado el tiempo suficiente para que volviese una situación de desánimo[2]. Las fechas principales que se proponen están en el abanico que va del 460 al 430 a. C.[3] En todo caso, estamos en la época que describen los libros de Esdras y Nehemías, durante la actuación de estos dos reformadores.

Las promesas anunciadas por los profetas se dilataban en el tiempo y las expectativas habían menguado; pareciera que la intervención esperada de Dios no llegaría nunca. El desencanto produjo una relajación en las costumbres y responsabilidades, y esto era especialmente grave en lo que tocaba a los líderes religiosos de la nación. No asumían su responsabilidad con gozo. Para ellos suponía una carga y no un privilegio, realizaban las tareas con desgana y contagiaban al pueblo de este mismo desinterés. De esta forma, la adoración a Dios, incluyendo los sacrificios que según la antigua dispensación debían cumplimentarse, se realizaba con desgana y no alcanzaba un mínimo estándar de calidad.

A causa de todo ello, los sacerdotes incumplían con sus responsabilidades, el pueblo estaba desalentado, y todo esto se reflejaba en el culto que

---

2. *Ibíd*. Ward propone que la ausencia de referencia a las reformas de Esdras y Nehemías parece indicar una fecha anterior a su llegada, quizás preparando el camino del éxito para su importante ministerio. Una fecha posible sería 470-65 a. C. o, si Esdras es datado después de Nehemías, en el 445-433 a. C., pero solo son fechas aproximadas.

3. Muchos autores sitúan la fecha de la profecía de Malaquías poco antes de la llegada de Esdras y Nehemías, alrededor del año 460 a. C.; esta es la opinión de Schökel, Wickham, Kelley o Abrego. Otros postulan una fecha un poco posterior, antes del regreso de Nehemías, entre el 433-430 a. C. como Wolf y Feinberg. Algunos extienden la posible datación hasta el 400 a. C., después de los tiempos de Nehemías.

ofrecían a Dios. Cumplían el rito, pero la desgana se hacía evidente y el hastío se manifestaba a cada paso.

Autor y mensaje

Sobre el autor, Malaquías, no tenemos datos aparte de los que facilita el mismo libro. Malaquías significa «mensajero», por ello, la versión griega, Septuaginta, lo usa como título, no como nombre. Otras versiones como el Tárgum Jonatán, identifica al autor con Esdras.[4] A pesar de estas propuestas otros comentaristas defienden que es el nombre verdadero del autor.

El profeta pronuncia su mensaje como un llamado urgente de Dios al cambio. No comunica una información o algo mecánico, confronta a todo el pueblo de Dios. Primeramente a los sacerdotes, por su responsabilidad especial, pero después incluye a todo el pueblo, para denunciar su negligencia y rebeldía contra Dios y su Ley[5].

El libro de Malaquías sigue siendo un mensaje actual para quienes pasan o tienen que enfrentar tiempos de desaliento, negligencia, rutina espiritual, o para quienes tienen interés en conocer el corazón del ministerio tal como Dios lo ve.

Teología[6]

El diálogo entre Dios y su pueblo descubre una, podríamos llamar, teología de cercanía. Dios pone de manifiesto lo que «siente», abre su corazón.

Un tema central es la fidelidad de Dios en contraste con la infidelidad de su pueblo. A pesar de lo que piensan los israelitas, Dios demuestra su amor y fidelidad.

La relación entre Dios y su pueblo se describe como un vínculo filial padre-hijo (1:6; 3:17). Dios desea lo mejor a sus hijos (3:10-12), pero Israel ha desdeñado la relación y ha fracasado completamente en vivir

4. *Ibíd.*, p. 989. Ward anota también que esta era la postura de Jerónimo y Calvino. El Talmud de Babilonia atribuye el libro a Mardoqueo (citado en Kelly, p. 8). La Septuaginta es la versión griega del Antiguo Testamento escrita, según la tradición, por setenta eruditos en setenta días. Fue la versión usada por los judíos de la diáspora. Los targumim son paráfrasis en arameo del Antiguo Testamento, el Tárgum Jonatán es de los siglos IV-V después de Cristo.
5. Ward, p. 989 ss.
6. *Ibíd.*, p. 989ss.

bajos los términos del pacto. Ha fallado también en mostrar a Dios adoración y gratitud (1:13-14).

La deficiente relación con Dios tiene una repercusión directa en las relaciones humanas, en las que también han sido infieles, especialmente en el ámbito matrimonial en el que prevalece el divorcio (2:14-16).

Dios es Señor y Rey (1:6, 14), tiene la historia bajo su control (1:2-4). Es también Dios de justicia (2:17). Por ello, el juicio viene y Dios mostrará lealtad y justicia (3:1-5, 16-18).

La función del sacerdocio (3:3-4, 10-12, 16-17) incluye las ofrendas y diezmos como tributo de adoración a Dios, y la enseñanza del temor de él. Sobre los diezmos, profundizaremos en el comentario para tener una comprensión adecuada y bíblica de estas cuestiones que se sitúan por algunos como centro de la vida cristiana invitando a la prosperidad material, o, por otros, que las dejan de lado olvidando la responsabilidad de cada creyente como administrador de los bienes de Dios.

En la dimensión escatológica, Malaquías introduce la figura del precursor respecto al día del Señor (3:1-4; 4:5-6; cf. Mt 11:10; Mr 1:2), que encuentra su referencia en el ministerio de Juan el Bautista, como aquel que prepara el camino al Mesías, Jesús.

Estilo, texto y estructura

El libro de Malaquías tiene un estilo discursivo. La profecía se presenta como un diálogo entre Dios por un lado y los sacerdotes y el pueblo por otro. Los diálogos presentan temas diferentes, pero, en su conjunto, son un trabajo literario cuidado, en el que algunos proponen cierta lógica y progresión en el pensamiento[7].

Los diferentes mensajes tienen un esquema semejante, siguiendo las partes de una discusión:[8]

1. Declaración. Es la que abre el tema y la pronuncia Dios: «Yo os he amado» (1:2).
2. Pregunta. La pregunta tiene carácter de objeción a la declaración previa y se pone en boca de los oyentes: «¿En qué nos amaste?» (1:2b).

---

7. *Ibíd.*, p. 989 ss.
8. Con pequeñas diferencias Schökel propone el mismo esquema Profetas, cambiando pregunta por objeción.

3. Desarrollo y justificación. Dios responde a la pregunta/objeción con argumentos sólidos y objetivos (1:2c-3).

Las preguntas de los oyentes no tienen por qué ser declaraciones literales –aunque podrían serlo–. Más bien representan actitudes y acciones del pueblo, que muestran su condición y su rebelión contra Dios, a la vez que su necesidad de arrepentimiento. Vemos este método en otros textos proféticos (Is 40:27-28; Jr 2:23-27; Ez 12:21-28; Mi 2:6-11).[9]

El texto está escrito en prosa, con frases cortas y estilo directo.[10]

En la parte final del libro, la división de los versos difiere en su numeración –no en el contenido– en las diferentes traducciones, dependiendo de si siguen el texto masorético (TM) o la versión griega de los Setenta (LXX). Así, en algunas versiones, el capítulo 3 termina en el verso 18 al que sigue el capítulo 4:1-6. En las versiones que siguen el TM, estos versos están al final del capítulo 3:19-24.

Algunos consideran los tres últimos versos (4:4-6 o 3:22-24 TM) como una adición editorial queriendo dar una conclusión al libro de los profetas. El estilo de estos versos concuerda con el resto del libro, por lo que puede venir del mismo autor.[11]

En cuanto a la estructura general, la mayoría de los comentaristas están de acuerdo en dividir el libro en seis oráculos, con una introducción y un epílogo final:

• Introducción (1:1)
• Oráculo 1: Amor de Dios vs. indiferencia de Israel (1:2-5)
• Oráculo 2: Honor de Dios vs. negligencia de los sacerdotes (1:6-2:9)
• Oráculo 3: Fidelidad de Dios vs. deslealtad en Israel (2:10-16)
• Oráculo 4: Santidad de Dios vs. cinismo del pueblo (2:17–3:5)
• Oráculo 5: Inmutabilidad de Dios vs. inconstancia de Israel (3:6-12)
• Oráculo 6: Justicia de Dios vs. violencia de Israel (3:13–4:3)
• Epílogo (4:4-6)

Para el comentario del texto seguiremos estas mismas divisiones.

---

9. *Ibíd.*, p. 989 ss. Abrego, p. 259. «Se trata de un género literario que bien puede reproducir discusiones reales mantenidas en distintos momentos».
10. Wickham, p. 97; citando a Wolf, lo califica de «prosa exaltada».
11. *Ibíd.*, p. 989ss.

Introducción
La queja de Dios
(1:1)

1 Profecía de la palabra de Jehová contra Israel, por medio de Malaquías.

El libro de Malaquías se presenta como una queja de Dios «contra Israel». La palabra profecía es un término técnico, en hebreo es *massa,* «carga» (Jr 17:21-22) y aparece en otros textos en los que Dios denuncia el pecado (a modo de ejemplo podemos ver Is 13:1; 14:28; Nah 1:1).

¿Es posible que Dios pueda tener algo contra su pueblo o contra sus siervos? ¿Qué carácter podría tener esta queja? Las palabras de Dios son las de un padre que ama y quiere corregir a sus hijos, de quien, amando mucho, no puede pasar por alto lo que nos hace daño y destruye.

Dios presentará esta queja por medio de preguntas que despiertan nuestra reflexión; porque no solo a ellos se dirige, sino a cada uno de nosotros que leemos el libro.

El diálogo de Dios es abierto, sin ambages, directo. Es el corazón herido que no puede callar. Es el amor que quiere sanar una relación que se está rompiendo. Es, por ello, un diálogo que nos invita a considerar las propias acciones y las de Dios.

Ante el argumento divino y, una vez este es aceptado, no cabe otra respuesta que el arrepentimiento, la reacción y respuesta de amor (3:16; 4:2).

Antes de comenzar el detalle, seguramente debemos preguntarnos por nuestra relación con Dios, nuestras expectativas respecto a él. ¿Qué esperamos de Dios, de la vida cristiana…?

ORÁCULO 1
Amor de Dios vs. indiferencia de Israel (1:2-5)

«Mejor es reprensión manifiesta que amor oculto».

PROV 27:5

2 Yo os he amado, dice Jehová; y dijisteis: ¿En qué nos amaste? ¿No era Esaú hermano de Jacob? dice Jehová. Y amé a Jacob.

(1:2a)

La primera gran afirmación de Dios en este libro expresa su actitud o voluntad hacia Israel: «Yo os he amado».

Con esta declaración de amor incondicional se da inicio al diálogo que conducirá a la primera controversia con la respuesta dura de Israel. Dios abre su «corazón». De manera muy personal se dirige a su pueblo para decirles que en el centro de su relación, entre Dios y el pueblo, la base fundamental es el amor.

Aquí es necesario hacer un breve inciso ya que la palabra «amor» es, probablemente, una de las más desgastadas en nuestro tiempo. Hoy, cuando se habla de amor, básicamente expresamos un sentimiento. De algo que viene y, por desgracia, desaparece. El amor de Dios es mucho más que un sentimiento, es la voluntad de hacer el bien a su pueblo, fundamentada sobre su fidelidad y expresada en el pacto que estableció con Israel y las promesas incondicionales dadas a Abraham. Por ello, amor y fidelidad, o misericordia y verdad (*hesed* y *emet*), van de la mano en tantos textos (Éx 34:6; 2 S 2:6; Sal 25:10). Es un amor práctico, Israel solo tenía que recurrir a su historia para reconocer este amor de Dios.

El Dios creador del universo es también el «creador» de Israel. El que eligió a Abraham cuando era un gentil idólatra para darle increíbles promesas de bendición. El que lo protegió en sus desaciertos (Gn 12:10-20). El que libró a Israel de la esclavitud en Egipto. El que les dio leyes sabias para guiarlos en su vida y conducta. El que les expresó un amor incondicional, no porque fuesen mejores que otros pueblos, no dependía de su grandeza, sino por el propio carácter de Dios (Dt 7:7-8). El que proveyó en el desierto. El que envió profetas para corregir los deslices y los graves pecados de su pueblo. El que los coronaba de favores y misericordias, el que los saciaba de bien. El que los castigaba a fin de corregir a su «hijo». El que no olvidó a su pueblo en el exilio, sino que levantó a su ungido para librarlos. El que los regresó a su tierra.

Todas estas experiencias históricas estaban en la memoria colectiva de los israelitas que regresaron de Babilonia y que enfrentaron el reto de restaurar el templo, las murallas y la nación misma.

En el Nuevo Testamento, el amor de Dios se expresa de manera final y definitiva en Cristo. Dios, en su misericordia, por su gran amor, envió a su Hijo para redimir, salvar, y darnos su Espíritu. Dios, en Cristo, nos da todas las cosas (Rm 8:32), todo cuanto necesitamos para nuestra vida cristiana (2 P 1:3). El amor, atributo esencial del carácter de Dios (1 Jn 4:8), así como la santidad es la definición de su esencia ontológica —el totalmente otro, el Creador frente a la creación–, nos ayuda a comprender como el Dios soberano, majestuoso, justo, recto, apartado del mal, puede ser, igualmente, el Dios cercano a los hombres (cf. Mal 1:11).

Hoy, en una sociedad caprichosa y hedonista, que se centra en buscar el propio interés o lo que nos hace «felices» según nuestros criterios egoístas, necesitamos recuperar el significado del amor desde una perspectiva bíblica. Un amor que es voluntad y compromiso de hacer y procurar el bien del prójimo, del otro. Que nos invita a superar el egoísmo para movernos hacia el servicio y la entrega. Esta perspectiva está presente en Malaquías y se manifiesta en las demandas de Dios respecto al servicio, la conducta y las relaciones en el pueblo. Los errores que denuncia no son nuevos.

(1:2b)

Por ello, Israel responde a la afirmación de Dios con otra pregunta, no con una afirmación de gratitud o reconocimiento: «¿en qué nos amaste?». Su pregunta expresa una actitud de queja, quizás de sorpresa, mostrando lo que hay en su corazón. Cuando recordamos todo lo que Dios hizo por ellos, nos asombra y percibimos el gran problema detrás tal pregunta; ésta evidencia su ceguera y ofuscación en esos momentos. Su incapacidad para reconocer la gracia y misericordia de Dios es muestra de la dureza de su propio corazón. Sencillamente, Dios no cumplía con sus expectativas y su respuesta es la de un servicio negligente.

¿Es así también hoy? Cuando algo no nos va bien, cuando no suceden las cosas que esperamos, el culpable es Dios. Y así nos cerramos en nosotros mismos y nos alejamos de Aquel que es nuestra fortaleza, consuelo y guía.

(1:2c)

La respuesta de Dios comienza con una nueva pregunta que le remite al origen de su propia historia como pueblo: «¿No era Esaú hermano de Jacob?».

Dios tenía todas las opciones, pero eligió a Abraham. Podía elegir, en la línea de descendencia, al primogénito Esaú, sin embargo, eligió a Jacob, al «engañador».

La elección

Sin entrar en los detalles de un tema tan amplio y complejo como es la elección, examinaremos la función que tiene en este contexto la elección de Jacob. En primer lugar, quiere destacar la iniciativa divina, la elección parte de Dios y de su soberanía. No es el hombre quien toma la iniciativa. En segundo lugar, no hay mérito ni nada destacable en Jacob. Israel es el pueblo de Dios por pura gracia. En tercer lugar, no excluye la responsabilidad humana y la necesidad de respuesta, al contrario, todo el libro de Malaquías es una exhortación a responder a Dios. En cuarto lugar, en este contexto tiene que ver con la función y misión de Israel como pueblo. Jacob y Esaú no son aquí meramente personas individuales, representan dos pueblos, dos destinos. Aun dentro de Israel, como pueblo elegido, hay fieles e infieles.

3 y a Esaú aborrecí, y convertí sus montes en desolación, y abandoné su heredad para los chacales del desierto.

(1:3a) «A Esaú aborrecí»

Hay frases que nos resultan chocantes en las Escrituras. ¿Cómo un Dios de amor puede aborrecer? Situar la frase en el contexto es clave para comprender su sentido. Hay varias cuestiones para considerar. Abordaremos en los siguientes párrafos: el contexto histórico, sus antecedentes en la historia de Israel y los acontecimientos implicados; la extensión de la explicación en el caso de Esaú, mucho más amplia que en la referencia a Jacob; el significado de la afirmación; y, finalmente, abordaremos las referencias sobre Esaú en el Nuevo Testamento.

Comenzaremos con el contexto histórico. Jacob y Esaú nos remontan al libro de Génesis. Isaac, hijo de Abraham, y su esposa Rebeca tuvieron dos hijos: Jacob y Esaú, que eran gemelos o, mejor, mellizos por sus diferentes rasgos. Ambos crecieron en el mismo ambiente, ambos escucharon los relatos del llamamiento de Abraham y las promesas que Dios le dio. Sin embargo, eran muy diferentes, tanto en lo físico como en sus gustos e intereses (Gn 25:25-27). Esaú cazador, Jacob hogareño. Lo más relevante para el relato era su interés y visión de futuro. Mientras Esaú estaba enfocado en el presente y las necesidades materiales inmediatas, Jacob tenía una visión más amplia, una inclinación a valorar el futuro por encima del presente. Uno no es mejor que el otro, de hecho, el nombre de Jacob no es nada bonito, significa «engañador» o «usurpador»[12]. Fue el nombre que se le impuso en su nacimiento por querer «anticiparse» a su hermano y ganarle el camino a la primogenitura. De estos gemelos, ¿quién sería el sucesor de la línea de la promesa a Abraham? Ninguno amerita nada. Esaú vendió su primogenitura por un plato de lentejas. Jacob, calculador, empleó la necesidad de su hermano y su astucia para hacer honor a su nombre –y más de una vez–. Como gran negociador consiguió la primogenitura por un triste plato de lentejas –un cambio que parecía una broma fue una decisión que cambió la vida– y obtuvo la bendición por medio del disfraz. No, ninguno amerita nada, pero había en ellos una disposición diferente.

En el devenir histórico, ambos dieron origen a dos pueblos diferentes. Jacob, como custodio de la línea de la promesa desde Abraham y a través de Isaac, es el padre de las doce tribus de Israel; Esaú, el padre del pueblo de Edom. Estos dos pueblos, hermanados en su genealogía, fueron en la historia grandes rivales en confrontación casi permanente.

Dios eligió a Jacob como continuador de la línea de la promesa sin que hubiese ameritado nada, pero mostrando la disposición e interés por lo «espiritual», no como único interés, pero sí con una perspectiva de futuro que se elevaba sobre el interés exclusivo en lo material y descansaba en las promesas de Dios. Tal es la lección que nos plantea Hebreos 11:20 y 12:16. Dios podía elegir a cualquiera. Su elección de Jacob fue un acto soberano de amor, de deseo de bendecir (Rm 9:11) y cumplir así su promesa a Abraham.

En la historia tanto Israel como Edom mostraron sus debilidades, pero en el primero Dios reservó siempre un remanente fiel que buscaba Su gloria (Rm 11:4).

4 Cuando Edom dijere: Nos hemos empobrecido, pero volveremos a edificar lo arruinado; así ha dicho Jehová de los ejércitos: Ellos edificarán, y yo destruiré; y les llamarán territorio de impiedad, y pueblo contra el cual Jehová está

---

12. Biblia de Estudio Ryrie.

31

indignado para siempre. 5 Y vuestros ojos lo verán, y diréis: Sea Jehová engrandecido más allá de los límites de Israel.

(1:4-5) La extensión de la explicación

Podemos entender estos textos a la luz de la historia posterior de Israel y Edom. Frente a la duda o cuestionamiento del amor de Dios por parte de Israel, Dios apela a la historia. Esaú, o Edom como pueblo representado, quiere actuar sin Dios, crecer por sí mismo, confiar en sus fuerzas, sabiduría y estrategia. El libro de Abdías dibuja el carácter de Edom y anuncia también el juicio sobre este pueblo. El orgullo y la altivez son la marca de sus acciones; la arrogancia es su actitud. Por ello, Dios lo juzga y Edom fracasa en todas sus empresas. El pueblo de Edom, protegido en los laberintos montañosos, se sentía seguro. Atacaba y se refugiaba en las peñas (hoy podemos conocer el contexto geográfico al visitar la ciudad de Petra en Jordania). Este pueblo de Edom aprovechó los momentos débiles de Israel para infringir mayor daño a sus parientes. Fue un pueblo impío en su relación con Dios y con su hermano Israel. La derrota y humillación de Edom fue el juicio de Dios por sus pecados, y debía ser un signo de esperanza para Israel, mostrando la justicia y protección de Dios.

Amar y aborrecer

Ambas palabras están en el contexto de la elección de un pueblo representado en su fundador.

«Amar» indica la preferencia de Dios, la iniciativa de Dios y la gracia de Dios al otorgar sus bienes y bendiciones sin ningún merecimiento (Dt 4:34-37; 7:7-8). En Malaquías, Dios pone de relieve esta disposición de bendecir a Jacob, independiente de cualquier mérito.

«Aborrecer» indica, en primer lugar, la no elección. Dios prefirió al hermano menor; no indica desprecio. Este es un lenguaje hiperbólico que usa también Jesús para destacar una preferencia sobre toda otra opción (Lc 14:26), la decisión de seguirle como un discípulo. Las palabras de Jesús son igualmente chocantes: el que «no aborrece a su padre…». Es evidente, por todo el trasfondo bíblico, que los hijos deben amar y honrar a los padres. ¿Qué significan, entonces, las palabras de Jesús? Que Dios debe tener la prioridad absoluta. La elección de Dios, su amor por Jacob, indica una preferencia que descarta, necesariamente, a Esaú para la línea de la promesa, pierde su privilegio.

Esta hipérbole inicial se convierte en juicio histórico por los actos de Esaú en su conflicto con Israel.

En el libro de Romanos se retoma esta historia para hablar de la soberanía de Dios en sus planes para la iglesia. Los capítulos 9–11 tratan sobre la situación de Israel y la Iglesia. Aquí, el contexto es también más comunitario que personal, más representativo que individual. Hoy la Iglesia, judíos y gentiles creyentes, ocupa el lugar de elección como pueblo de Dios, pero no por méritos, sino por gracia. Los gentiles no se pueden jactar de su posición, que supuso el juicio de Dios sobre el Israel nacional, sino que la elección, el formar parte del pueblo de Dios, debe tomarse como una responsabilidad para la vida y el testimonio (Rm 11:25).

Esaú no queda bien retratado en el resto de las Escrituras, es símbolo o tipo del hombre carnal, que no muestra interés en lo espiritual (Hb 12:16). No por una elección anterior, sino por una disposición hacia Dios en su historia, sus actos y decisiones.

No abordaré aquí la necesaria acción del Espíritu para la buena disposición y la respuesta del ser humano, sin duda, imprescindibles, para poder seguir centrados en el tema que aborda Malaquías.

Este primer mensaje nos ha descubierto las razones profundas de lo que vendrá a continuación y explica, aunque no justifica, la actitud y conducta del pueblo y los sacerdotes.

Concluimos esta cuestión recordando la relación entre el amor de Dios y el ministerio. El amor es el elemento fundacional del ministerio, así como la motivación más importante (Jn 21:15, 16, 17; 2 Cor 5:14). Por eso, según Malaquías, la crisis en el servicio o el ministerio cristiano tienen que ver, principalmente, con una visión inadecuada del amor de Dios, o de la incapacidad de percibir este amor de Dios en nuestra vida. ¿Qué clase de ministerio se puede desarrollar si no es un ministerio movido por el amor de Dios?

Así, nosotros deberíamos reflexionar sobre nuestra condición en el servicio a Dios. ¿Por qué lo hacemos? ¿Cuáles son nuestras motivaciones? Pero, sobre todo, ¿cómo está nuestra relación con Dios? ¿Qué pensamos de Él? Cuando cuestionamos a Dios o su amor, nos deslizamos inexorablemente por la pendiente del desánimo y la laxitud en nuestra entrega y conducta.

ORÁCULO 2
Honor de Dios vs. negligencia de los sacerdotes (1:6–2:9)

«Nada minimiza más lo divino que el trato habitual con lo exterior de las cosas santas».

G. MACDONALD

La denuncia general al pueblo de Dios se concreta ahora hacia los sacerdotes como responsables de la salud espiritual de su pueblo, al ser sus enseñadores, intercesores, mediadores en el culto y ejemplo. Ellos tienen una parte importante en el declive de la espiritualidad del pueblo (1:6; 2:1).

6 El hijo honra al padre, y el siervo a su señor. Si, pues, soy yo padre, ¿dónde está mi honra? Y si soy señor, ¿dónde está mi temor?, dice Jehová de los ejércitos a vosotros, oh sacerdotes, que menospreciáis mi nombre. Y decís: ¿En qué hemos menospreciado tu nombre?

(1:6) Una cuestión de respeto

Dios enfrenta la actitud del sacerdocio recurriendo a los ejemplos mostrados por las relaciones naturales entre padre e hijo, y entre siervo y señor.

La sociedad, en general, tiene un gran problema cuando los afectos naturales se corrompen: padres que maltratan a sus hijos, hijos que amenazan a sus padres, odio en los matrimonios… Dibujan una sociedad enferma, en la UCI (Unidad de Cuidados Intensivos) y que necesita reanimación.

De la misma manera, cuando los afectos naturales del pueblo de Dios expresan indolencia, desidia, despreocupación por su relación con él, algo grave está pasando, y mucho más cuando se trata de la actitud del liderazgo espiritual en el pueblo de Dios.

Esto es lo que desarrolla esta sección de Malaquías. Compara la relación con Dios con la relación padre-hijo y siervo-señor. Lo natural en una sociedad sana es que se honre al padre y, en el contexto de la sociedad de Malaquías, que se honre al señor, y que hoy diríamos al jefe, al dueño.

Honrar al padre es un mandato clave y central en el decálogo. Es la transición entre los deberes a Dios y los deberes con el prójimo. Padre y madre (Éx 20:12) representan la autoridad divina en el marco de la familia, a la vez que tienen la responsabilidad de transmitir, a los hijos, la fe y obediencia al Señor del pacto. Igualmente, el respeto a la autoridad que representaba el señor era algo esperado en la sociedad israelita. En esa época, habitualmente, el señor era el patriarca de la casa, el máximo responsable de la familia y la hacienda. Dios se presenta, entonces, como Padre y Amo. Israel existe por la voluntad divina y la elección de Jacob. Dios es Dios de Israel, su Señor, a quien deben honrar. Ambos papeles los tiene Dios, Señor de la casa de Israel. La gran pregunta que lanza él es… ya que esto es así, «¿dónde está mi honra?… ¿Dónde está mi temor?».

El primer elemento común esperado es la honra; en la demanda de lo que Dios espera añade a la honra el temor. Desde el paralelismo hebreo esto no significa que se introduzca un nuevo elemento, uno diferente, sino un aspecto o expresión del primero. La honra, o el respeto, se expresan también en el temor o reverencia. «Honrar» es temer, en este sentido. Al estar enmarcado en la relación filial no es una invitación al miedo, pavor o lejanía (1 Jn 4:18), sino la expresión pública de la honra, el respeto obediente y cuidadoso para hacer lo que honra al padre-señor. Esto queda evidenciado por la exposición detallada de la denuncia: menosprecian mi nombre. Un vivo contraste que expone que, donde debería haber honra, existe todo lo contrario: menosprecio.

La honra o gloria (*kabot*) es dar el valor que corresponde; el menosprecio, como indica su etimología, es valorar en menos, no apreciar debidamente. Dos problemas se suscitan con esta actitud. El primero se da entre los líderes del pueblo, en aquellos que enseñaban la Ley, los que deberían dirigir y potenciar el culto a Dios dando la honra debida a su nombre. Los sacerdotes no promueven la gloria de Dios, más bien son causa del problema. Cuando el liderazgo pierde la visión, el pueblo perece (Os 4:6; Prov 29:18). La falta de un liderazgo espiritual, guiado por el Espíritu del Señor, trivializa el culto a Dios, no solo en su dimensión litúrgica, en sus formas, sino, especialmente, en su dimensión de consagración de vida y testimonio (cf. Mal 1:11).

El segundo problema es la ausencia de una conciencia clara de la falta cometida. Dios tendrá que argumentar en el detalle para descubrir esa falta, gravísima, en el corazón de la adoración.

Al abordar el sistema sacerdotal y su responsabilidad, el texto puede parecernos lejano, para el pasado, pero sus principios son importantes y actuales para el ministerio cristiano. Podemos constatar las diferencias: ahora ya no tenemos un sistema sacrificial y tampoco hay una tribu o grupo que tenga la exclusiva de los sacrificios. Cristo es nuestro sumo sacerdote. Un solo sacrificio ha sido suficiente para redimirnos para Dios (Hb 10:12). Pero, sigue habiendo puntos muy aplicables, ya que la iglesia es una comunidad sacerdotal llamada a proclamar las virtudes de nuestro Dios (1 P 2:9-10). Sí, tenemos en común la responsabilidad de adorar a Dios en nuestro culto y, especialmente, con nuestra vida. Proclamando quién es honramos a Dios, y esta es una demanda para cada creyente. Además, como comunidad sacerdotal estamos llamados a la intercesión, a orar por el prójimo. En el testimonio cristiano estamos, igualmente, bajo la responsabilidad de ser de ánimo para otros.

Para el liderazgo también tiene consecuencias esta nueva situación, ya que como personas que estamos al frente, que presidimos, debemos ser modelo y ejemplo a los demás hermanos (1 P 5:3) y, mediante la enseñanza de la Palabra, guiar al pueblo de Dios en el camino de la santidad.

Algunas preguntas nos podemos plantear a la luz del texto: ¿De qué forma honro a Dios con mi vida? ¿Me identifican como un hijo suyo por mi conducta? Si tengo alguna responsabilidad de liderazgo, quizás en la escuela dominical, con los jóvenes, grupo de estudio, discipulado, etc., ¿cómo influencia mi vida la de otros para que honren a Dios? ¿Cómo les enseño a honrarle?

7 En que ofrecéis sobre mi altar pan inmundo. Y dijisteis: ¿En qué te hemos deshonrado? En que pensáis que la mesa de Jehová es despreciable. 8 Y cuando ofrecéis el animal ciego para el sacrificio, ¿no es malo? Asimismo cuando ofrecéis el cojo o el enfermo, ¿no es malo? Preséntalo, pues, a tu príncipe; ¿acaso se agradará de ti, o le serás acepto?, dice Jehová de los ejércitos.

(1:7-8) Honrar a Dios es una cuestión muy práctica

«Honrar» es respetar, valorar. La falta de cuidado en honrar a Dios era palpable en sus ministerios al descuidar uno de los aspectos cotidianos del mismo: el altar y la mesa.

El altar, el lugar donde se ofrecían los sacrificios a Dios, debía expresar la adoración que reconocía su grandeza, bondad y santidad. Todo lo ofrecido en aquel lugar debería ser sin defecto, a excepción del sacrificio para la celebración familiar que admitía defectos menores. Los responsables de que se ofreciese lo mejor y adecuado según las leyes levíticas, eran los sacerdotes. Ellos debían examinar los animales para el sacrificio a fin de que fuesen adecuados para el mismo, que respondiesen a lo que Dios demandaba de su pueblo.

La «mesa de Jehová» podría hacer referencia a la tarea sacerdotal de cambiar semanalmente los panes de la proposición que se encontraban en el lugar santo. Eran doce panes que representaban la comunión del pueblo de Dios en su vínculo con él. Sin embargo, el contexto de Malaquías apuntaría a otra forma en la que se interpreta aquí la «mesa»: como los mismos sacrificios ofrecidos a Dios, la mesa que le presentan no es digna.[13] Como apunta H. Wolf, los términos «mesa» y «pan», aunque referidos a los sacrificios «sugieren más la comunión con Dios que el sacrificio sobre el altar».[14]

Lo evidente es que en la práctica de lo cotidiano se manifiesta su corazón. Presentan, a Dios, animales de los que se avergonzarían si tuviesen que regalarlos a su «príncipe»: los animales ciegos, cojos o enfermos, lo que otros no quieren, lo que ya no tiene valor. Al ofrecer este tipo de animales manifiestan el valor que le dan a Dios.

Si bien no estamos llamados a presentar animales para el sacrificio, la pregunta pertinente sigue siendo: ¿Qué ofrezco a Dios?, ¿es lo mejor, lo más importante? Los sacrificios del creyente son tanto espirituales como materiales. En ocasiones, las habitaciones del local de la iglesia se llenan con cosas de segunda mano que ya no queremos en nuestras casas. No es que sea malo reciclar o aprovechar, la cuestión es si damos a Dios lo mejor o nos lo quedamos nosotros. Una comparación práctica quizás nos ayude… ¿Lo regalarías a tu rey o presidente? ¿Lo ofrecerías como un regalo de bodas? ¿Cuánto expresa de nuestra generosidad, gratitud y gozo?

9 Ahora, pues, orad por el favor de Dios, para que tenga piedad de nosotros. Pero ¿cómo podéis agradarle, si hacéis estas cosas?, dice Jehová de los ejércitos.

(1:9) Una reflexión práctica sobre la ofrenda

¿Qué pensamos de la ofrenda? El verso 9 nos invita a una reflexión para el arrepentimiento. La pregunta invita a comprender el mal realizado, a volver a Dios, a confiar en su bondad y cambiar la conducta si desean que cambie la relación. El examen periódico de nuestra vida, que no debe ser rutinario y tampoco obsesivo –y aquí me refiero a mirarnos tanto a nosotros mismos que olvidemos a Dios y su gracia, más preocupados por

---

13. Walvoord, J. F., & Zuck, R. B. (2001). El conocimiento bíblico, un comentario expositivo: Antiguo Testamento Ward, p. 989 ss., tomo 6: Daniel-Malaquías (pp. 318–319). Puebla, México: Ediciones Las Américas, A. C. comenta: Quizá la mesa se refiere metafóricamente a todo el conjunto de ofrendas presentadas en el altar (cf. Ez 44:15-16). En la misma línea Greathouse, W. (2010). El libro de Malaquías. En Comentario Bíblico Beacon: Los Profetas Menores (Tomo 5) (p. 410) y añade: Aquí el pan (lechem) no es el de la proposición (el cual no se ofrecía sobre el altar), sino la carne de las víctimas del sacrificio (cf. Lv 3:11, 16; 21:6; 22:25).
14. H. Wolf, Hageo - Malaquías rededicación y renovación. Grand Rapids, Portavoz: 1980, p. 76.

nuestros fallos que por glorificar a Dios–, es clave importante para una vida espiritual saludable.

En el Antiguo Testamento, los días de «cilicio» eran un tiempo de meditación y arrepentimiento. Los *selah* de los salmos invitaban a una pausa. El examen y el dejarse examinar por Dios (Sal 139) son parte del proceso de crecimiento en la vida del creyente. Las preguntas de Dios invitan a pensar, detenerse, meditar. Los israelitas debían llegar a la convicción de que habían actuado mal con sus ofrendas y, sin un cambio en sus vidas, no podían ser agradables a Dios.

En el Nuevo Testamento, el llamado al arrepentimiento comienza en los evangelios. La religiosidad rutinaria no agrada a Dios. Es necesario el arrepentimiento, el cambio, tomar conciencia de las actitudes y pensamientos que dominan nuestra conducta a la luz de la Palabra de Dios. Esta toma de conciencia debe ir acompañada de una voluntad rendida a él, deseosa de hacer su voluntad.

Hoy, en algunos contextos se trata la ofrenda casi como un tabú, es algo privado (Mt 6:3-4) y la frase «no sepa tu izquierda lo que hace tu derecha» parece ser un lema para ello. Pero en Mateo no habla de la ofrenda sino de atender una necesidad o urgencia concreta. El creyente está llamado a administrar sus bienes para Dios, y la ofrenda debe ser una parte importante de su presupuesto. De los diezmos se tratará en el capítulo 3 de Malaquías, así que dejaremos el tema concreto para ese momento. Aquí solo quisiera destacar que la ofrenda forma parte de la administración, no de la improvisación.

La ofrenda, por otra parte, no es un «negociar con Dios» darle algo para que él nos dé más. No estamos a la misma altura. Malaquías destacará la grandeza de Dios a tal punto que la ofrenda y la adoración son expresiones de asombro y gratitud ante quién es él y cómo ha expresado su bondad.

La llamada Teología de la Prosperidad utiliza la ofrenda como moneda de intercambio. Olvida con ello lo que Dios valora y el propósito de la ofrenda que no soy yo o mi bienestar, sino la gloria de Dios y el reconocimiento de su nombre entre las naciones.

La verdadera ofrenda no debe caer en el sentido utilitarista que guio los primeros pasos de Jacob, «te daré… si me bendices» (Gn 28:20-22; 32:26; Lc 21:2-4).

El ministerio, el de cada creyente, incluye la administración y ofrenda de sus dones y bienes, dando lo mejor para Dios.

10 ¿Quién también hay de vosotros que cierre las puertas o alumbre mi altar de balde? Yo no tengo complacencia en vosotros, dice Jehová de los ejércitos, ni de vuestra mano aceptaré ofrenda.

(1:10) La ofrenda rechazada

Si la ignorancia de Israel sobre el amor de Dios era el primer problema (cf. 1:2), ahora lo es la falta de comprensión de su majestad y grandeza. La actitud descuidada en sus ofrendas ponía de relieve que no reconocían en la práctica esta grandeza. Su menosprecio se contrasta con la declaración de Dios que desnuda sus pensamientos y su necedad, como si ellos pudiesen añadir algo a Dios o hacerle un favor con su servicio. Él no necesita de nosotros, ni depende de nosotros, ya que no está limitado ni a la estrechez de mente de su pueblo, ni a las dimensiones de su tierra. Dios dice: no os necesito, ni necesito vuestras ofrendas, no dependo de ellas. Y lo declara por medio de dos afirmaciones contrapuestas: No quiero vuestras ofrendas (v. 10) y tengo quien me adore en verdad (v. 11).

El verso 10, que la RV60 traduce como pregunta:

Malaquías 1:10 ¿Quién también hay de vosotros que cierre las puertas o alumbre mi altar de balde? Yo no tengo complacencia en vosotros, dice Jehová de los ejércitos, ni de vuestra mano aceptaré ofrenda.

Se puede traducir mejor como una afirmación:

LBLA **Malaquías 1:10** ¡Oh, *si hubiera* entre vosotros quien cerrara las puertas para que no encendierais mi altar en vano! No me complazco en vosotros –dice el SEÑOR de los ejércitos– ni de vuestra mano aceptaré ofrenda.

NVI **Malaquías 1:10** ¡Cómo quisiera que alguno de vosotros clausurara el templo, para que no encendierais en vano el fuego de mi altar! No estoy nada contento con vosotros –dice el SEÑOR Todopoderoso–, y no voy a aceptar ni una sola ofrenda de vuestras manos.

Dios dice: para esto no hace falta que abran las puertas del templo. No me sirve un culto que en lugar de honrarme opaca mi gloria.

Hoy podemos pensar que todo cuanto hacemos agrada a Dios, pero ¿realmente es Dios exaltado con lo que ofrecemos? ¿Está el culto centrado en Dios o es un medio para disfrutar nosotros? ¿Quién es el protagonista del culto, el acto mismo, los adoradores o el adorado? ¿Nos gozamos en escucharnos a nosotros mismos, lo bien que lo hacemos, o exaltamos a Dios y le honramos de todo corazón ofreciendo lo mejor? ¿Es nuestra adoración una actitud continua y se expresa comunitariamente el domingo o es solo un acto puntual?

¿Podemos imaginarnos a Dios diciendo lo siguiente?: «¡Basta de este culto! Mejor que el próximo domingo no haya quien abra la puerta para que no sigáis ofreciendo este culto que no me agrada. Esto es una parodia de la verdadera adoración, pura rutina y exhibición de vuestras habilidades. Vuestra preocupación sois vosotros mismos y no mi santidad».

Otros profetas también fueron críticos con el culto que ofrecía el pueblo de Dios. Amós denuncia de forma muy directa el culto que ofrecía Israel, un culto divorciado de la ética y por ello despreciable para Dios (Am 5:21-24). El culto no puede ser un espacio-burbuja de adoración sin relación con nuestra vida diaria; al contrario, debe tener una conexión e incidencia directa en nuestros valores y conducta. La adoración afecta toda la vida y todo su tiempo. Por eso, Jesús en el Nuevo Testamento recuerda que Dios busca adoradores «en espíritu y en verdad» (Jn 4:23-24).

11 Porque desde donde el sol nace hasta donde se pone, es grande mi nombre entre las naciones; y en todo lugar se ofrece a mi nombre incienso y ofrenda limpia, porque grande es mi nombre entre las naciones, dice Jehová de los ejércitos.

(1:11) El Dios a quien servimos

El profeta pone en estrecha relación la adoración y el reconocimiento de quién es Dios. Según pensemos de Dios, así le serviremos. De esta manera denuncia tanto el mal servicio de los sacerdotes como su falta de comprensión de la majestad de Dios.

La idea principal de este texto, que se repite dos veces, es clara: «grande es mi nombre entre las naciones». El nombre en el Antiguo Testamento no era simplemente una forma de designar a alguien, de llamarlo. El nombre describía su esencia, su ser, su persona.

Mientras Israel, su pueblo, menosprecia el nombre de Dios, Dios se muestra como Dios de todos los pueblos, pues es el creador de todas las cosas. Su fama y gloria se extiende por todo el mundo. Aunque el Antiguo Testamento se centra, principalmente, en la historia de Dios con Israel, no ignora el reconocimiento de Dios en otros pueblos. Recorriendo la historia vemos esto en diversos momentos. Solo como un ejemplo podemos recordar la confesión de una pagana de Jericó, Rahab (Jos 2:9); una mujer que viajó desde el sur de Arabia (1 R 10:8-9), la reina de Sabá,[15] para bendecir a Dios y declarar su soberanía y amor hacia Israel; un general leproso (2 R 5:17) sanado por el poder de Dios; y el poderoso rey Nabucodonosor (Dn 2:47; 3:28; 4:34-37). El testimonio de Dios se extendió también en tiempos de la diáspora por medio de los judíos fieles que le adoraban allí donde residían.

Hoy, más que nunca, podemos reconocer que esta verdad de la adoración universal a Dios, incluye todo el globo terráqueo. Desde la gran comisión que Jesús dejó a los discípulos, el evangelio se ha extendido por todo el mundo. Desde los tiempos del libro de Hechos hasta la historia actual nos afirma que Dios siempre ha guardado que su testimonio siga vivo.

Permitidme recordar un hecho contemporáneo de esta verdad. En China había crecido el evangelio por medio de las misiones modernas europeas, entre las que ocupa un lugar preeminente Hudson Taylor, alcanzando a más de un millón de personas con el evangelio y fundando universidades y hospitales. Con la revolución comunista de Mao y la expulsión de los líderes cristianos extranjeros, la iglesia parecía en peligro de desaparecer tras la cortina de bambú. No había noticias de las iglesias y la visión era más bien negativa. Cuando décadas más tarde China abrió de nuevo las puertas al mundo, la iglesia clandestina se había multiplicado asombrosamente. Hoy sigue creciendo y algunos auguran que será el país con más cristianos en las próximas décadas, y eso en medio de un contexto todavía hostil al evangelio. Dios obra, aunque nosotros no seamos capaces de percibirlo.

---

15. Los comentaristas sitúan la localización de Sabá en el actual Yemen.

En ocasiones tenemos una visión muy occidental del actuar de Dios en el mundo. El despertar y crecimiento de la Iglesia en Oriente, Latinoamérica y África, declaran la grandeza de Dios «desde donde el sol nace hasta donde se pone».

Nosotros no podemos «empequeñecer» a Dios, pero podemos empobrecer su culto, opacar la visión de su gloria y ensombrecer su testimonio con nuestra conducta.

Malaquías, en un sentido, nos anticipa la universalidad de la proclamación del evangelio y que Dios no está limitado por nuestro actuar. Nosotros podemos sumarnos a su quehacer en el mundo o ignorarlo, pero su obra seguirá adelante, poderosa, gloriosa. Él sigue edificando su Iglesia y las puertas del Hades no prevalecerán contra ella.

El mensaje de Malaquías es un llamado de atención y nos recuerda que no somos propietarios de Dios, ni tenemos la exclusividad del culto. Los judíos de la época de Malaquías no podían considerar que, por estar en Jerusalén y oficiar en el templo, tenían la exclusiva y podían actuar como quisieran.

Los judíos, que tenían este sentido de propiedad de Dios, de exclusiva, son confrontados por Jesús (Mt 3:9 «no penséis decir dentro de vosotros mismos: "A Abraham tenemos por padre", porque yo os digo que Dios puede levantar hijos a Abraham aun de estas piedras») anticipando la extensión del evangelio y la edificación de su Iglesia. Igualmente, los gentiles somos confrontados para que no caigamos en el error de los judíos (Rm 11:21) en una visión etnocéntrica de la iglesia o tradicionalista, pero alejada del amor a Dios. Él actúa más allá de los límites de nuestra iglesia, denominación o movimiento. Es Dios.

Respecto al ofrecimiento de «incienso y ofrenda limpia» en todo lugar, a la luz de la enseñanza de todas las Escrituras, debemos descartar una interpretación universalista en el sentido de que Dios acepta cualquier religión o culto con tal de que se le ofrezca de buena voluntad. Es clara la declaración bíblica de que solo hay un camino al Padre y es Cristo (Jn 14:6).

Por tanto, la afirmación de Malaquías apuntaría a que, mientras Dios repudiaba las acciones de los sacerdotes en el templo de Jerusalén, en otros lugares su pueblo le adoraba de corazón ofreciendo verdaderos sacrificios espirituales que él aceptaba. Estos, sin templo, ofrecían una mejor ofrenda. Otra posibilidad de entender este texto es interpretándolo como una profecía futura, como anuncio de la conversión de los gentiles a Dios.[16] No veo dificultad en comprender el texto como una referencia a la adoración en la diáspora, y esta como germen de un desarrollo mayor con la proclamación del evangelio de Cristo.

Igualmente, el Nuevo Testamento enfatiza, por medio de las palabras de Jesús, que Dios busca verdaderos adoradores (Jn 4:23). Las cartas aplican esta perspectiva cúltica a la vida piadosa del creyente, que incluye su servicio, ofrenda, sacrificio, adoración y entrega (Rm 12:1; Flp 2:17, 4:18; Hb 13:15, 16; 1 P 2:5).

12 Y vosotros lo habéis profanado cuando decís: Inmunda es la mesa de Jehová, y cuando decís que su alimento es despreciable. 13 Habéis además dicho: ¡Oh, qué fastidio es esto!, y me despreciáis, dice Jehová de los ejércitos; y trajisteis lo hurtado, o cojo, o enfermo, y presentasteis ofrenda. ¿Aceptaré yo eso de vuestra mano?, dice Jehová.

(1:12-13) Hastío de servir a Dios

Dios descubre el corazón de sus siervos, su verdadero sentir.

Los judíos en tiempos de Malaquías podían sentirse quizás orgullosos de sus abuelos, del riesgo que asumieron en viajar de Babilonia a Jerusalén, de su renovado ánimo por construir el templo en tiempos de Hageo y Zacarías, de su esfuerzo por levantar las murallas de Jerusalén y poner las puertas en tiempos de Nehemías. Ellos habían dado prioridad a Dios y respondido al llamado de su Palabra.

Sin embargo, estos hechos históricos, siendo un bagaje espiritual importante, no eran «méritos» para ellos. Se podían sentir los «herederos espirituales», pero, en realidad, habían abandonado aquello por lo que trabajaron sus padres. Se quedaron con los beneficios, pero no asumieron la responsabilidad y el llamado de Dios. Seguían una tradición, pero no

---

16. Adam, P., p. 322.

había pasión por Dios en el corazón. Solo así se puede entender la denuncia que Dios expresa en estos dos versos de una manera muy fuerte, denunciando su blasfemia. El cansancio del ministerio comienza expresando una crítica contra el mismo, seguida del menosprecio, un no valorar en la justa medida la tarea que Dios les ha encomendado. Como alguien advirtió: «no hay nada más peligroso que el contacto diario con las cosas sagradas».

La actitud de los sacerdotes muestra que para ellos carecían de total valor las cosas sagradas y que el mismo servicio les resultaba carente de beneficio, convirtiéndose en una carga que deseaban abandonar. Como resultado se ofrecía lo peor a Dios.

Lo que había sido un privilegio anhelado por otros, una posición de honor y responsabilidad (Nm 16:1-3, 8-11; Sal 106:16-18) ahora se considera despreciable y un inconveniente. Por ello, habían olvidado las normas estrictas que regulaban los sacrificios y que recordaban la grandeza y santidad de Dios. No se trataba de rigorismo sino de grandeza, de considerar a quién se estaban ofreciendo. La perfección del animal hablaba del respeto a Dios, de su santidad y majestad. Lo mejor debería ser para Dios (Éx 12:5; 29:1 y las referencias a los distintos tipos de sacrificios en Levítico y Números).[17]

La rutina en el ministerio y la falta de pasión no es un problema de la época veterotestamentaria. El Señor advierte a una iglesia sana, en su ortodoxia, de la gravedad de dejar su «primer amor». Podríamos pensar que esto no es tan grave si mantiene la doctrina bíblica, pero Dios no piensa lo mismo. Para él es tan grave que amenaza a la iglesia con quitar su candelero, su testimonio: puertas cerradas (Ap 2:5; Mal 1:10).

Hoy podríamos categorizar esta actitud como síndrome de burnout, «estar quemado». Las estadísticas sobre los pastores o ministros que abandonan la práctica del ministerio son muy altas. No juzgo, solo destaco una realidad. La situación hoy no parece mucho mejor que en tiempos de Malaquías a la luz de las estadísticas: con más de 1000 pastores que dejan el ministerio al mes, con un alto porcentaje de insatisfacción en este –desánimo, deseo de abandonar, familia afectada, depresión, falta de amigos– y una actitud inadecuada –trabajando por

---

17. Lv. 1:3, 10; 3:1, 6; 4:3, 23, 28, 32; 5:15, 18; 6:6; 9:2-3; 14:10; 22:19, 21; 23:12, 18; Nm. 6:14; 28:9, 11, 19, 31; 29:2, 8, 13, 17, 20, 23, 26, 29, 32, 36.

inercia y obligación, desconectado emocionalmente, sin discipular ni entrenar a nuevos líderes– que dibujan un cuadro con tintes semejantes al de Malaquías.[18]

No todo es negativo y es necesario reconocer el compromiso y entrega de otros muchos, pero nos advierte de que las denuncias de Malaquías no son una situación del pasado, sino un peligro latente en el ministerio de todas las épocas. Siendo honestos con nosotros mismos, ¿no hemos querido alguna vez «tirar la toalla», dejar el ministerio? Confieso que yo sí. Solo la gracia del Señor y el apoyo inquebrantable de mi esposa me han mantenido en el ministerio. No debemos tratar estas situaciones desde el sillón de juez, ni respecto al pasado, ni en nuestro presente, pero sí estamos obligados a considerar lo que Dios declara respecto a este asunto. Claramente Dios nos dice que, cuando esta situación nos conduce a un estado de hastío, algo tiene que cambiar urgente y radicalmente. Y no será probablemente la situación lo que deberá cambiar, sino nuestra propia visión de Dios y nuestra actitud hacia su servicio.

Consideremos en la práctica algunos enemigos de nuestro ministerio:

1. *El cansancio físico y el estrés.* Quizás por asumir más responsabilidades de las que debemos yendo más allá de los límites que Dios nos ha trazado, por ser incapaces de decir «no», por hacer depender el ministerio de nosotros en lugar de que dependa de Dios.

2. *La rutina en el ministerio.* Hay cosas apasionantes en el ministerio que nos atraen, otras que, sin ser tan atractivas, son igualmente necesarias. Necesitamos poseer una visión clara del ministerio y recordar nuestro llamado (1 Tm 1:12; 2 Cor 3:4-6; 4:1). Ambos, visión clara y llamado, nos proveerán de fuerzas renovadas, gozo y sentido de privilegio, así como serán unos buenos antídotos frente al hastío y menosprecio que experimentaron los sacerdotes en tiempos de Malaquías, fuera que lo expresasen así en público o como un diálogo interno que corrompía el corazón.

3. *Distanciamiento de Dios.* En todo caso, la cuestión principal estará en nuestra comunión con Dios. El ministerio que él nos da es un

---

18. Alfonso Guevara, Pastores de carne y hueso. Bogotá, CLC, 2016 pp. 18-22, aporta estas estadísticas y contexto ministerial, especialmente referido al contexto anglosajón pero extrapolables al mundo y al contexto hispano.

ministerio espiritual que solo puede llevarse a cabo correctamente guiados y fortalecidos por su presencia por medio del Espíritu Santo. Este ministerio está basado en el ministerio de Dios en nosotros, entendiendo que su primera preocupación no es nuestro servicio sino nuestra transformación a la imagen de Cristo (Gá 1:15-16; Rm 8:29). Antes que el hacer está el ser, honrando a Dios con lo que somos y, después, ofreciéndole lo más excelente que tenemos, dándole todo el valor que tiene (cf. Mal 1:8, 13). La excelencia no es una opción, es un compromiso ineludible cuando consideramos a quién servimos.

Nos podemos preguntar, a la luz de lo comentado hasta aquí, si damos realmente lo mejor a Dios. ¿Damos a Dios las sobras, lo que tenemos de segunda mano, o lo mejor? Tus mejores posesiones –tu guitarra, coche, dones y habilidades–, ¿están al servicio de Dios o al tuyo? Tu concepto de Dios se muestra en tus ofrendas.

14 Maldito el que engaña, el que teniendo machos en su rebaño, promete, y sacrifica a Jehová lo dañado. Porque yo soy Gran Rey, dice Jehová de los ejércitos, y mi nombre es temible entre las naciones.

(1:14) Maldición y bendición en el servicio

La conclusión de este párrafo recoge el tema denunciado en 1:6 y la declaración de 1:11, en el contexto del culto a Dios y los sacrificios ofrecidos, recordando la mala praxis que se estaba dando (1:13).

Dios pronuncia una maldición sobre los que ofrendan lo mezquino porque, como se ha expresado anteriormente, refleja su pobre, paupérrimo, concepto de Dios. La maldición es el resultado del pacto que Dios había establecido con su pueblo en el monte Sinaí. Un pacto que colocaba a Israel bajo la responsabilidad de la obediencia.

El pacto mosaico, el establecido en el Sinaí, tiene como su trasfondo otro pacto fundamental, el pacto con Abraham. Dios había liberado a su pueblo de Egipto (Éx 12) como consecuencia del pacto con Abraham y sus promesas (Éx 2:24; 3:6, 15-16). El propósito de Dios es bendecir a

Abraham y a su pueblo, constituyéndolos, a su vez, en canales de bendición a otros (Gn 12:2-3). Hay un plan, de acuerdo con la promesa, que Dios cumplirá en Israel y que se consuma en el Mesías, Cristo, que será de bendición a todas las naciones como simiente de Abraham (Gá 3:16). El pacto incondicional establecido con Abraham, dependiente solo de Dios, establece los fundamentos de la relación y el propósito.

Para el desarrollo de la vida práctica de Israel en la tierra de la promesa, Dios les da las regulaciones del pacto mosaico y, bajo este pacto, el pueblo se hace responsable de obedecer los mandamientos de Dios a fin de ser un testimonio entre las naciones (Dt 4:6-7). Este es un pacto condicional; hay consecuencias dependiendo de la conducta. Israel tiene delante de sí la bendición, si cumple las regulaciones del pacto, y la maldición si actúa con desobediencia; o, lo que es lo mismo, la opción de ser fieles a Dios o volverse a los ídolos (Dt 11:26-28; 30:1). Aunque el propósito de Dios sigue siendo bendecir (Dt 23:5), la bendición está a expensas de la obediencia en este pacto condicional.

Podríamos ilustrarlo con la imagen de un marco, un espacio que Dios establece y en el que otorga sus bendiciones. Cuando salimos de este marco quedamos expuestos a la consecuencia de nuestros pecados y malas acciones, que nos acarrean juicio y maldición. Es como estar bajo un paraguas en un día de lluvia. Si te sales de su cobijo… ¡te mojas! Si Israel desobedecía los mandamientos y optaba por un estilo de vida opuesto a Dios, se colocaba bajo el juicio.

Separados de Dios no podemos esperar bendición. Quizás riquezas, e incluso lujos, pero no la bendición de Dios que es gozo y paz (Prov 10:22; Rm 14:17).

El Nuevo Testamento toma esta verdad para recordarnos que todos los que han pecado están bajo maldición y… ¡todos hemos pecado! (Rm 3:23; Gá 3:10). Pero la respuesta de la gracia de Dios a nuestra situación es la oferta de salvación por medio de la fe en Jesús (Rm 3:21-22; 5:1), porque él tomó nuestra maldición sobre sus hombros y la llevó a la cruz (Gá 3:13). Como resultado ya no estamos bajo maldición, ni bajo la Ley (Rm 6:14; Gá 3:10; 4:4-5).

El propósito de Dios con Abraham es ahora el propósito de Dios con sus hijos: bendecirnos para que seamos canales de la bendición de Dios, como hijos de Abraham por la fe en Cristo (Rm 4:11; Gá 3:7). Y esto deberíamos reflejarlo en una vida de servicio excelente para Dios, porque Dios es digno de toda la gloria, él es el 'Gran Rey' (1:11b y 1:14b).

1 Ahora, pues, oh sacerdotes, para vosotros es este mandamiento.

(2:1) El papel de los sacerdotes

La advertencia de los dos primeros versos del capítulo dos nos remiten de nuevo a la denuncia pronunciada ya en 1:6. Remito a lo comentado anteriormente y avanzaremos ahora en la contextualización de este pasaje.

En primer lugar, aunque el texto es aplicable a todos, ya que todo el pueblo es responsable de las malas prácticas en el culto a Dios, existe una responsabilidad especial en los sacerdotes, puesto que ellos tenían el encargo de examinar lo que se ofrecía a Dios para que fuese digno de él.

En segundo lugar, la función sacerdotal tiene una línea de continuidad en el Nuevo Testamento, pero no en el marco de un grupo o casta especial –clericalismo y sacramentalismo– como lo eran los sacerdotes cuya función se basaba en su genealogía. Por el contrario, ahora se trata de una comunidad sacerdotal, todo el pueblo de Dios (cf. Éx 19:6; Ap 1:6; 5:10; 20:6), que le ofrece sacrificios espirituales. Este papel tampoco se traslada al «grupo de alabanza» para ejercer de mediador entre la comunidad y Dios, que parece ser una tendencia dominante en algunos sectores.

En tercer lugar, ciertos aspectos de la función sacerdotal son aplicables al ministerio de liderazgo de la iglesia, no como grupo especial "sobre" el pueblo de Dios, sino como servidores "en" el pueblo de Dios. ¿No es cierto que quienes tenemos responsabilidad de liderazgo o enseñanza debemos ser ejemplo y dirigir al pueblo de Dios a una adoración en espíritu y en verdad? Igualmente, debemos ser los primeros en aplicarnos en la tarea intercesora en favor de otros, y buscar la excelencia de todo servicio en el pueblo de Dios partiendo de un corazón íntegro. El líder no da solo cuenta de sí, sino de lo que sucede en el pueblo de Dios (Hb 13:17); su corazón debe interceder por los que lidera como un primer paso para un buen servicio. Esto también es aplicable a otros ministerios, ya que debería ser la actitud de quien asume, por ejemplo, la responsabilidad por los jóvenes o lleva una escuela dominical. Asimismo, esta actitud debería ser en el hogar, en la responsabilidad de los padres respecto a los hijos, mostrando un modelo a seguir. El liderazgo conlleva una importante responsabilidad respecto a los que se sirve y dirige.

Ante esta tarea y responsabilidad, el corazón del líder siente su fragilidad y la necesidad de la oración intercesora de otros a su favor (Hb 13:18; Ef 6:18-19), como parte de un mismo cuerpo en el que nos necesitamos unos a otros.

2 Si no oyereis, y si no decidís de corazón dar gloria a mi nombre, ha dicho Jehová de los ejércitos, enviaré maldición sobre vosotros, y maldeciré vuestras bendiciones; y aun las he maldecido, porque no os habéis decidido de corazón.

(2:2) Decidir de corazón dar gloria a Dios

Dice Wiersbe: «Si nuestro motivo para servir es otro que la gloria de Dios, lo que hagamos será solo una actividad religiosa, pero no un verdadero ministerio cristiano»[19].

Importantes palabras en las que hemos de reflexionar.

Observamos, en primer lugar, esta advertencia: hay que oír y decidir de corazón so pena de una severa corrección de Dios volviendo la bendición en maldición. Nuestra cultura actual nos puede conducir al error de interpretar esta frase como un simple llamado a una decisión emocional, al estilo de la efervescencia en un campamento de jóvenes o una emotiva campaña de la que en unas semanas queda solo un pequeño poso. Ambas actividades, campamentos o campañas, tienen su lugar y su valor. La apelación a los sentimientos no es desdeñable, despierta el interés por las cosas espirituales, nos inquieta respecto a nuestras vidas. Pero la decisión consecuente, que perdura en el tiempo, debe tener otros ingredientes principales.

Cuando el Antiguo Testamento habla del corazón no se refiere a la sede de las emociones o sentimientos, más bien es el centro de la persona, especialmente de su racionalidad y voluntad. Por tanto, la que se reclama es una decisión que se tome considerando bien lo que se demanda

---

19. W. Wiersbe, Llamados a ser siervos de Dios. Grand Rapids: Portavoz, 2002 p. 25.

y comprometiéndose con ello. Para las emociones, la figura que se usa es la de las entrañas, que no dejan de ser importantes en la vida cristiana. La cuestión, pues, aquí es que Dios demanda una decisión bien considerada.

En el Nuevo Testamento encontramos esta demanda en el llamamiento de Jesús al discipulado. Es necesario considerar lo que conlleva seguir a Cristo, una decisión que implica toda la vida, como se ve en los ejemplos que pone Jesús delante de los que quieren ser sus discípulos: la cruz, la casa y la guerra, en los que en cada caso hay que calcular el costo (Lc 14:25-33). Pudiera parecer que el texto nos desalienta a ser discípulos pero, muy al contrario, nos invita a dar un paso firme de forma que, una vez dado, no nos volvamos atrás. La salvación es un regalo. La vida cristiana tiene su coste, pero vale la pena a la luz de la esperanza y la recompensa que nos espera. El ministerio es un gran privilegio, pero no es fácil. Solo la visión del amor y llamado de Cristo nos sostiene en los momentos difíciles. Su amor y entrega por nosotros nos impulsa a seguir con gozo la carrera emprendida.

En segundo lugar, el ministerio tiene como propósito dar gloria a Dios. El nombre en este contexto es una referencia a la persona misma, es como decir «quien yo soy» (1:11b, 14b).

El propósito del ministerio no es otro que el de glorificar a Dios. Esto se corresponde con lo que enseña el Nuevo Testamento respecto a la salvación de cada creyente (cf. Ef 1:6, 12, 14), por tanto, mucho más para quien Dios llama al servicio a pleno tiempo en el ministerio cristiano. Fijémonos en lo que dice Pablo en Gálatas sobre los propósitos de Dios en el ministerio:

1. El primer propósito es «revelar a su Hijo en mí» (Gá 1:16). Antes de cualquier acción o misión, Dios quiere tratar con nosotros mismos, con nuestra vida, objetivos, intereses, a fin de ser transformados conforme al modelo que es Cristo.

2. *Compartir a Cristo* (Gá 1:21-23). Solo podemos compartir lo que tenemos. Cuando tenemos a Cristo, podemos compartir a Cristo.

3. *Glorificar a Dios por medio de nuestras vidas* (Gá 1:24). Lo que afirmaban respecto a Pablo resultaba en dar gloria a Dios al ver su ministerio, transformación y conducta.

La actitud que Malaquías denuncia está en las antípodas de Pablo. La conducta y actitud de los sacerdotes les llevaba a la connivencia con el mal, causando dolor y queja entre el pueblo de Dios. En lugar de servir a Dios y a su pueblo, los sacerdotes, eran motivo de escarnio. Pretendían bendecir por medio de un acto litúrgico, religioso, pero en lugar de atraer al pueblo a Dios provocaban el rechazo.

¡Qué advertencia más seria para nuestro ministerio! ¿Es motivo de bendición o de queja? ¿Lo hacemos por amor a Dios o lo que prima son nuestros propios intereses egoístas?

3 He aquí, yo os dañaré la sementera, y os echaré al rostro el estiércol, el estiércol de vuestros animales sacrificados, y seréis arrojados juntamente con él.

(2:3) El ministerio bajo pacto

La primera parte del verso se puede traducir «maldecir/dañar la sementera», o «reprender los descendientes».[20] La principal razón es que la palabra hebrea *zera'* tiene el significado de semilla, fruto y, por extensión, descendencia. Quienes optan por la primera acepción de la palabra hebrea vinculan la maldición con el fruto del campo de acuerdo con el pacto mosaico (Dt 28:38 y Lv 26:15-16). La actitud de los sacerdotes tendría consecuencias en la simiente o cosecha del pueblo; aquellos que tenían que ser medio de bendición eran causa de maldición.[21]

Si bien este significado apuntado es posible, el contexto que sigue hace énfasis en el sacerdocio y el pacto con Leví. En otras palabras, el texto tiene en mente al conjunto de sacerdotes como descendientes de Leví. El ministerio sacerdotal, que se recibía por la línea de descendencia, estaba en una situación crítica debido al comportamiento de los sacerdotes. Dios no seguiría tolerando tal actitud. Si persistían en su conducta pecaminosa, Dios los trataría como el estiércol de los animales sacrificados, que se llevaba fuera del área del Templo para ser quemado (Lv 4:11-12).[22] El estiércol representa lo impuro y desechable. De esta manera apunta a la pérdida de su tarea sacerdotal por estar contaminados.

---

20. Para el primer caso tenemos la RVR60; para el segundo versiones como la NVI o LBLA.
21. H. Wolf, Hageo - Malaquías rededicación y renovación. Grand Rapids, Portavoz: 1980, p. 86.
22. Wickham-Glasscok, Hageo, Zacarías, Malaquías, Cefb, Madrid: 1985.

¡Qué severa advertencia! Realizando una función santa para Dios, no debían considerar esto como una garantía de permanencia al margen de toda bondad ética. ¡Al contrario! Si su conducta no cambiaba serían desechados corriendo el mismo destino que el estiércol, serían como basura ante los ojos de Dios. El desprecio que ellos habían manifestado (cf. 1:12) ahora se aplicaría a sus propias vidas. En lugar de ser un ejemplo de santidad para el pueblo se convertirían en señal de impureza y juicio como el estiércol que era quemado.

El demoledor juicio que Dios anuncia tenemos que considerarlo a la luz del pacto deuteronómico, que está como fondo de esta declaración y corresponde al binomio básico, ya mencionado, de obediencia-bendición, desobediencia-maldición. En el marco ideal, el que Dios establece como base y meta, Israel estaba bajo el cuidado y bendición de Dios. Tal situación estaba condicionada a la obediencia que mantenía el vínculo del pacto y a Israel bajo el «paraguas» de la bendición de Dios. La desobediencia rompía el pacto y exponía a Israel a las consecuencias que mostrarían su debilidad sin el cuidado divino. En último término, exponer las debilidades del que desobedece era un acto de misericordia que buscaba corregir un camino que conduciría finalmente a la destrucción del pueblo de Dios. Como la disciplina que los padres deben ejercer, no gusta, pero es necesaria, la disciplina de Dios siempre estaba abierta, y de hecho anhelaba el arrepentimiento ya que buscaba la restauración del pueblo. Este marco general del pacto dará paso en los versos siguientes a considerar la relación especial de Dios con el sacerdocio.

Os invito a reflexionar sobre algunas cuestiones a la luz de lo mencionado: ¿Cómo vemos el ministerio?, ¿como un lugar de poder y privilegio o como un lugar de servicio? ¿En qué lo muestras? ¿Excusa el ministerio nuestras faltas y nos coloca más allá de la disciplina de Dios o demanda mayor responsabilidad? ¿Lo consideramos un honor o una carga?

4 Y sabréis que yo os envié este mandamiento, para que fuese mi pacto con Leví, ha dicho Jehová de los ejércitos.

(2:4) El pacto con Leví

La expresión «pacto con Leví» resulta un tanto extraña ya que es el único lugar de la Biblia en el que se encuentra. Los mensajes en este libro se dirigen especialmente a los sacerdotes (1:6; 2:1) y, aunque estos pertenecían a la tribu de Leví, eran específicamente de la familia de Aarón (Éx 28:1; 40:13). ¿A qué pacto, pues, se refiere? Debemos remontarnos al tiempo del Pentateuco para dilucidar el significado que puede tener. Dios escogió a la tribu de Leví para que le sirviese en las labores del tabernáculo, en sustitución de los primogénitos israelitas (Nm 3:11-13; 8:6, 11; Dt 10:8).

Jeremías se hace eco de esta elección para el servicio y se refiere a ella como un pacto (Jr 33:21, 22). También Ezequiel hace referencia a los sacerdotes que fueron fieles a Dios en cumplir las ordenanzas del santuario (Ez 44:15). La referencia a Leví se hace entendiendo que esta es la tribu sacerdotal independientemente de que no todos ejerciesen esta función, sin tener que mencionar específicamente la familia de Aarón. Leví es, por tanto, un término más inclusivo que hace referencia a todos los servidores del culto israelita. Todos los levitas tenían en común, fuesen o no sacerdotes, el no tener posesión en la tierra prometida; su posesión era Jehová (Dt 18:1-8). Su sustento provenía de las ofrendas que el pueblo daba en el tabernáculo. Realizaban su servicio en el tabernáculo y, posteriormente, en el templo. Nehemías 13:29 menciona también el «pacto del sacerdocio y de los levitas», aludiendo en este contexto no a un pacto concreto, un documento escrito, sino al conjunto de instrucciones y responsabilidades que correspondían a los sacerdotes y levitas y que se recogían en el conjunto del Pentateuco.

¿Se refiere, entonces, el texto de modo general al compromiso que tenían los sacerdotes con Dios por su llamamiento y su deber de cumplir y enseñar la Ley, o hay algo más específico?

Hay dos textos más que pueden arrojar luz sobre el significado de la expresión. El primero se encuentra en Deuteronomio 33:8-11 (RVR95):

Para Leví dijo: «Tu Tumim y tu Urim sean para el varón piadoso a quien probaste en Masah, con quien contendiste en las aguas de Meriba, 9 quien dijo de su padre y de su madre: "Nunca los he visto"; quien no reconoció a sus hermanos, ni a sus hijos conoció. Pues ellos guardaron tus palabras y cumplieron tu pacto...».

Esta es la bendición que Moisés dedica a la tribu de Leví, aunque tiene relación más específica con el sacerdocio, como muestra la referencia al

Urim y Tumim que solo usaban los sacerdotes (Éx 28:30; Neh 7:65). Mientras en el verso 8 recuerda la rebelión de Israel frente a la prueba, el verso 9 apunta a la fidelidad de los levitas con ocasión del becerro de oro (Éx 32:25-29).

El otro texto que se relaciona con el pacto con Leví lo encontramos en Números 25:6-13, en el contexto de las relaciones de los israelitas con las mujeres de Moab y la idolatría ante Baal Peor, que ocasionó una gran mortandad hasta que Finees, hijo de Aarón, actuó contra los que fornicaban y cesó el juicio de Dios. Es en esta ocasión cuando Dios concede a Finees y a su descendencia «mi pacto de paz», un «pacto de sacerdocio perpetuo».

Estos últimos textos en los que encontramos el tema de un pacto con el sacerdocio se relacionan ambos con un acto de fidelidad a Dios expresada por encima de cualquier otro compromiso personal o familiar. Dios ocupa el primer lugar.

Este compromiso delante de Dios se demanda también en el Nuevo Testamento en palabras de Jesús que subrayan la radicalidad del llamamiento a seguirle por encima de cualquier otra lealtad (Lc 14:26). Esta actitud evita decisiones marcadas por la parcialidad, que atienden más a los vínculos personales o familiares que a la objetividad de los hechos, o decisiones afectadas por la posición de las personas más que por hacer lo correcto. La imparcialidad de Dios es un principio esencial para el desarrollo de un ministerio sano y decisiones sanas.

(2:5-7) Las responsabilidades del pacto

El pacto con Leví, mencionado en el verso anterior, ahora se desarrolla en cuanto a sus características y contenido.

5 Mi pacto con él fue de vida y de paz, las cuales cosas yo le di para que me temiera; y tuvo temor de mí, y delante de mi nombre estuvo humillado.

(2:5)

Es un pacto de vida y paz. Si la referencia es a Números 25:11-13 significa que el celo de Finees (Nm 25:3-5, 9, 11) evitó la destrucción total de

Israel. El celo por Dios y su santidad pueden conducir a una disciplina que evita males mayores, ya que el pecado, como gangrena, destruye al pueblo de Dios. El resultado de la disciplina correcta es paz, armonía, *shalom*.

La aplicación de la pena es notablemente diferente en la dispensación de la Ley y la de la gracia. Bajo la Ley, y en un gobierno teocrático, la idolatría y otros pecados suponían la pena capital. El peso de la Ley caía sobre el culpable, si bien también se aplicó la misericordia y el perdón (Sal 51).

Bajo la gracia, el principio es el mismo: «la paga del pecado es muerte» (Rm 6:23), pero la obra de Cristo nos ha abierto las puertas al perdón, la misericordia y la reconciliación con Dios (Rm 5:1), nos da una nueva vida y nos impulsa al cambio ético. Si bien existen casos extremos de disciplina de parte de Dios (Hch 5:1-11; 1 Cor 11:29-30) para mostrar la gravedad del pecado, este no es el procedimiento habitual. En último término, Dios es el juez y quien se reserva el aspecto punitivo. La disciplina bajo la gracia remarca más el aspecto correctivo que el punitivo. No se trata de un castigo, sino de un proceso de renovación y restauración. Cristo llevó nuestros pecados en la cruz y «el castigo de nuestra paz fue sobre él» (Is 53:5). Ya no estamos bajo el juicio de Dios quienes hemos creído en Cristo, pero sí bajo su disciplina que nos conduce a crecer como hijos (Hb 12:7).

El llamado a la iglesia podemos verlo en las exhortaciones prácticas que el apóstol Pablo dirige a las iglesias. En 1 Corintios 5:4-8 remarca la necesidad de disciplina y juicio. Esta disciplina, que amonesta y corrige al pecador, debe tener por objeto la reflexión y la restauración. Se ha de realizar desde el amor y considerando nuestras propias debilidades (Gá 6:1-2). La disciplina no es un castigo, ni una pena para compensar un pecado, ya que toda deuda ha sido pagada en la cruz. La disciplina es un recurso del discipulado para corregir y rescatar a quien se extravía. No es cuestión de sacar «tarjetas rojas» como en los partidos de fútbol, ni condenar al ostracismo al que cae, sino de acompañar al caído para su restauración.

Un sano equilibrio para la vida cristiana tendrá siempre presente nuestra aceptación incondicional en Cristo como hijos de Dios, y la responsabilidad de una vida santa, bajo el examen de nuestro Padre (Jn 15:2), ante quien tendremos que rendir cuentas (1 P 4:17).

El resultado de la disciplina es sanidad y paz para el cuerpo o comunidad de creyentes, cuando la corrección realizada es hecha desde el amor y desde el interés por el bien de los hermanos. Hemos de reconocer que no siempre se ha aplicado así y que, en ocasiones, ha sido más una pena o castigo por la acción que un proceso de restauración espiritual. Como dice Gálatas, consideremos nuestras propias debilidades y actuemos en amor para edificar el cuerpo de Cristo.

El temor y la reverencia hacia Dios, que menciona la parte final del texto, sintoniza con un buen ejercicio del ministerio que tiene como base fundamental la relación con Dios en un espíritu de humildad y servicio.

6 La ley de verdad estuvo en su boca, e iniquidad no fue hallada en sus labios; en paz y en justicia anduvo conmigo, y a muchos hizo apartar de la iniquidad.

(2:6)

Este verso es la consecuencia lógica del anterior. Encontramos el principio que sustenta el ministerio, la conducta en el ministerio y la consecuencia. El andar con Dios produce verdad e integridad, una conducta recta que resulta en beneficio de aquellos a los que servimos por amor a Dios.

Si examinamos con detalle estas afirmaciones, vemos, en primer lugar, el "principio": «la ley de verdad estuvo en su boca, e iniquidad no fue hallada en sus labios». La ley tiene una primera referencia a la Torah de Moisés, el Pentateuco, del que surgen las normas y leyes que los sacerdotes deben observar y enseñar al pueblo. La ley también es la enseñanza de los padres (cf. Prov 1:8; 3:1; 31:26) y de los sabios (Prov 13:14). Por supuesto, esta enseñanza debe ser la aplicación práctica de los principios de la Torah mosaica, no podría ser de otra manera. Pero no solo es lo que está explícito, sino la enseñanza implícita que debería aplicarse a los casos en los que sacerdotes eran consultados. Toda opinión, consulta o resolución debería ajustarse a derecho, estar acorde con la voluntad revelada, examinando los principios que se desprendían de la revelación dada por Dios. Esto incluía la imparcialidad y no ceder a los sobornos o presiones, no hacer nada por interés o agradar a los hombres. Esto, que puede parecer obvio, fue muchas veces descuidado (Os 6:9; Mi 3:11), y los profetas tuvieron que denunciar, entre otras cosas, las resoluciones injustas a sabiendas. En el contexto de Malaquías aceptan animales para el sacrificio que no cumplían los requisitos. Tolerando tal ofrenda ofenden a Dios, como se ha mencionado en 1:8.

¿Está la ley de verdad en nuestra boca? ¿Está nuestra opinión o consejo fundamentado en la Palabra revelada (Col 3:16), o por el contrario vertemos nuestras opiniones siguiendo los criterios de nuestro entorno, la filosofía de la sociedad que no considera a Dios, o quizás enfocados en nuestros propios intereses? Si ministramos la Palabra de Dios a otros somos responsables de hacerlo con integridad, sin engaño ni hipocresía (2 P 3:16). No una enseñanza corrompida que, o no surge de la Palabra o la tergiversa para beneficio propio, para alimentar los intereses egoístas del que la pronuncia, en lugar de glorificar a Dios y promover sus intereses. Si hablamos debemos ser personas confiables, conocidos por ser fieles y estar comprometidos con lo que decimos. Si lo dice, lo hace. En un mundo de mentiras, este es sin duda un gran testimonio.

En segundo lugar, este verso apunta a la "conducta" que debe acompañar al que sirve a Dios. La conducta correcta se promueve desde un vínculo inquebrantable de armonía con Dios.

Paz y justicia son un binomio que en la Biblia caracterizan el gobierno de Dios o del rey justo (Sal 72:3, 7; 85:10; Is 9:7; 32:17; 48:18). No hay paz verdadera sin justicia (Is 32:17), ni justicia verdadera que no traiga paz a los justos. La paz, *shalom*, no es primeramente una referencia a la ausencia de conflictos sino a la armonía que se desprende de la correcta relación con Dios. Puede haber paz en la guerra (Is 26:3), en las dificultades cuando la confianza se pone en Dios (Flp 4:6-7). Quizás para nosotros la justicia es dar a cada uno lo que se merece, lo que le corresponde, pero menos mal que el concepto bíblico va más allá. Justicia es obrar conforme al corazón de Dios. Es desechar lo malo, ofensivo, injusto y promover lo sano, bueno, limpio y santo. Justicia es llamar a las cosas por su nombre, pero también estar dispuestos a perdonar y restaurar. No es condescendiente pero tampoco condenatoria (Jn 8:11). No justifica el mal ni al malo, pero busca la redención de este. La justicia sigue el ejemplo de Dios quien nos ha perdonado en Cristo Jesús (Rm 5:1) y que busca la paz (Rm 12:18; cf. Mt 5:9).

En tercer lugar, este versículo muestra la "consecuencia" de la conducta correcta en el ministerio: «a muchos hizo apartar de la iniquidad». La verdad, la enseñanza sana, la comunión con Dios, la justicia, la armonía que deben caracterizar al siervo de Dios, son a la vez los medios que producen despertar en otros, arrepentimiento, conversión; no por un poder personal, sino porque esta conducta es una luz y un referente que alumbra en la oscuridad de un mundo en tinieblas espirituales. El testimonio y la Palabra expresada son usados por el Espíritu para llevar a los pecadores a la convicción de pecado. La conducta del creyente en su individualidad y de la iglesia como comunidad de amor y fe, son el faro de Dios en el mundo que apunta a Cristo (Hch 2:47).

De igual manera, la vida de los líderes en el pueblo de Dios debe ser un estímulo a la santidad de la comunidad, tanto por su conducta, como en el ánimo y exhortación que imparten desde la Palabra de Dios (Col 3:16).

7 Porque los labios del sacerdote han de guardar el conocimiento y de su boca ha de buscar la instrucción, pues él es un mensajero del SEÑOR de los Ejércitos. (RVA)

(2:7) La transmisión de la Palabra

Este texto es un caso de paralelismo hebreo sinónimo: labios y boca, conocimiento e instrucción están en conexión paralela reforzando el mensaje. La sabiduría, o conocimiento hebreo *da'at* (Gn 2:9, NTV). La sabiduría, más que la multitud de conocimiento, es la capacidad de aplicar este a la vida y circunstancias que experimentamos. Es la orientación práctica que nos guía en las decisiones, el faro que nos alumbra en la noche tempestuosa, la señal que nos dirige al camino correcto cuando se sustenta en la revelación de Dios. Es un «almacén» del que se puede extraer la pauta correcta, el principio que se puede aplicar a cada caso particular. La sabiduría no es cuestión de una legislación detallada, sino de principios eternos.

«De su boca ha de buscar instrucción» (RVA) o la ley. La Ley aquí es una referencia a la Torá, la ley mosaica, pero con una importante carga semántica también en el sentido de instrucción. Es norma y guía, que, conectada a la palabra conocimiento o sabiduría, recuerda una de las responsabilidades del sacerdote que era tanto enseñar la Ley como responder desde ella a las cuestiones prácticas que no estaban contempladas en la misma. De esta manera establecía nuevas normas, resolvía conflictos y daba pautas o guías para actuar en los casos particulares conforme a los principios generales. Aquí, esta relación conocimiento-Ley apunta no tanto a la tarea de la exposición sistemática, sino a la resolución de las cuestiones prácticas.

El fundamento de la respuesta del sacerdote no podía ser otro que la Torá, de la que debían derivarse todas las demás instrucciones. Toda verdadera luz surge del correcto conocimiento, examen y exposición del mensaje de la Palabra de Dios. El sacerdote, como el profeta, era mensajero del Señor. Si bien el sacerdote tenía otras funciones respecto al culto y la exposición de la Torá, era mensajero cuando era consultado respecto a la voluntad de Dios. Esto significa que no debería hablar por su cuenta, no debería transmitir sus opiniones, antes bien, debería hablar de parte de Dios, fundamentando su respuesta en la Palabra revelada. Por tanto, el mensaje no era la sabiduría popular, sino la revelación; no las costumbres o hábitos culturales, sino el mensaje de Dios lo que tenía que dar a conocer. Como mensajero no cambiaba el mensaje, lo exponía con claridad. Aquí encontramos una conexión con nuestro propio contexto. El predicador está llamado a comunicar la Palabra de Dios de forma fiel, pertinente y clara a los que escuchan.

En esto debemos evitar dos extremos igualmente perjudiciales. El primero es confundir una predicación con dar a conocer nuestra opinión o parecer sobre un determinado tema o una exposición de datos. La predicación tampoco es una conferencia, es la declaración de la Palabra de Dios en términos actuales y aplicables a los oyentes. En el otro extremo está confundir la predicación, que siempre supone nuestra interpretación y aplicación del texto bíblico, con Palabra de Dios inspirada. ¿Cómo nos podemos situar entonces ante estos extremos? Primero, con un acercamiento desde la humildad que reconoce que nuestra comprensión siempre es limitada, no exhaustiva, que reconoce que hay materias difíciles en las que encontramos diversidad de interpretaciones posibles. Segundo, reconociendo la autoridad de la Palabra de Dios, no la nuestra, y por ello estudiando con diligencia las Escrituras con una sana hermenéutica, en oración delante del Señor, buscando cuál es el mensaje principal para comunicar a la congregación, que surge con claridad del texto bíblico y responde a la necesidad de la iglesia.

La predicación actualiza el mensaje eterno, la Biblia, a la situación concreta de los oyentes, y por lo tanto será relevante para los que escuchan, quienes están llamados a atender y discernir si el mensaje proclamado concuerda con la revelación de Dios (Hch 17:11).

8 Mas vosotros os habéis apartado del camino; habéis hecho tropezar a muchos en la ley; habéis corrompido el pacto de Leví, dice Jehová de los ejércitos.

(2:8) La denuncia del camino torcido

Hasta aquí el profeta ha expuesto lo que debe ser el ministerio ideal, ahora pasa a la denuncia a la luz de la conducta principalmente de los sacerdotes. Es como una gran contraparte o contraste con lo que Dios esperaba. El propósito de Dios con el ministerio sacerdotal había quedado truncado por la actitud de los ministros.

Se denuncian tres males interrelacionados:

- *El problema personal: se apartaron del camino.* El camino tiene con frecuencia un sentido ético: se refiere a la conducta de la persona. El camino correcto es aquella conducta que se encuentra en sintonía con el carácter y la voluntad divina (Prov 12:28; 16:25; 21:2). No debemos ver este extravío como un paso aislado, sino como la consecuencia inevitable del olvido de su compromiso y distanciamiento de Dios. Ahora andaban en sus propios caminos.
- Por otra parte, *los que debían ser fuente de bendición se habían convertido en causa de confusión.* Su conducta tiene consecuencias graves en el pueblo de Dios, son un tropiezo. En lugar de guías se han convertido en obstáculos para otros por su mal uso del ministerio. ¿Cómo se podrían alegrar los judíos en los sacrificios si veían corrupción y un culto que se hacía despreciable para Dios? Se convirtieron en «ciegos guías de ciegos» (Mt 15:14). Su conducta alejó a los adoradores del altar.
- Finalmente, por su desvío personal *corrompen el pacto con Leví.* El ministerio entero queda afectado.

Las palabras de Dios nos permiten ver la importancia y gravedad de una conducta inadecuada en el ministerio. Todos los que asumen o asumimos una responsabilidad de liderazgo debemos recordar que tendremos que dar cuenta por la vida de aquellos que están a nuestro cargo (Hb 13:17) y que debemos serles ejemplo (1 P 5:3). No es solo exponer bien la Palabra, es nuestra conducta. Sí, principalmente es nuestra conducta la que puede también alejar a la gente de la Palabra o de la iglesia, cuando los hechos hablan tan fuerte que no dejan oír nuestras palabras. La conducta correcta es el altavoz del mensaje.

Seguramente somos conscientes, y tenemos conocimiento, de casos en los que la conducta de una persona ha afectado la «buena fama» de la iglesia, o telepredicadores que han causado mucho daño al evangelio con sus conductas. ¿No «desconectamos» también nosotros de una persona que no nos ofrece confianza? El mundo nos observa con lupa y se hace antes eco de cualquier tropiezo o escándalo que de los cientos de mensajes fieles a la Biblia. Ya que nuestro entorno está enfocado en la crítica, lo espectacular, morboso o vacío, cuidémonos de no alimentar las malas lenguas con carnaza sin valor.

Jesús nos advierte también del peligro de dañar al prójimo (Mt 18:6). ¡Que nuestra conducta y palabras nunca causen tropiezo a otros! (Ef 4:29).

9 Por eso yo os he hecho despreciables, viles ante todo el pueblo, porque no habéis guardado mis caminos y hacéis acepción de personas al aplicar la Ley. (RVR95)

(2:9)

Si en el verso anterior encontramos la denuncia, en este encontramos la sentencia fundamentada en aquella. La primera consecuencia es la pérdida de honor ante el pueblo en el que servían y al que debían ser modelo y referencia. Despreciables y viles es la antítesis de su posición como sacerdotes ya que, consagrados a Dios, tenían una posición de privilegio y un llamado caracterizado por la santidad y la pureza. Su pérdida de visión ocasiona la pérdida de la misión.

Después de la sentencia se da la justificación de esta, recordando y reafirmando la denuncia presentada en (2:8, RVR95) «os habéis apartado del camino», si bien de forma más pasiva: «no habéis guardado mis caminos» (2:9, RVR95). Es interesante notar que la fidelidad demanda tanto un no apartarse de lo que Dios dice como un guardar lo que dice. No es solo no hacer lo malo sino hacer el bien que debemos. «Guardar» requiere actuar en consecuencia.

El texto, además, añade otro dato: los sacerdotes hacen acepción de personas en su aplicación de la Ley. Se da una violación o vulneración del derecho en su responsabilidad como jueces en los asuntos que se les presentan. La gravedad de este acto lo percibimos cuando lo reconocemos como una violación del carácter de Dios a quien representan en la asamblea de Israel y en el culto, el Dios que no hace acepción de personas. Es probable que esté apuntando a preferencias y favoritismos hacia los nobles y ricos a quienes se les tolera lo impuro. Los profetas denuncian frecuentemente este mismo mal; allí donde se esperaba justicia, donde el pobre esperaba refugio se convierte en una cueva de ladrones, en un lugar de corrupción (Jr 7:11; Mi 3:1ss). Deuteronomio determina claramente el deseo de Dios, quien es imparcial, no favoreciendo al rico o al religioso, ya que todos son iguales ante la Ley (cf. Dt 10:17; 16:19).

Hoy, quienes vivimos en Occidente, vemos cómo la ley se puede convertir en un instrumento caprichoso en manos de abogados, jueces, fiscales y políticos. Aquellos que conocen los resortes, el medio, lo usan no para que reluzca la justicia, lo recto, sino para alcanzar sus planes. Las leyes que buscan la garantía de justicia se convierten, de esta manera y en más ocasiones de las deseadas, en tapaderas de la corrupción, ya que los corruptos tienen en general los mejores abogados, o los más expertos.

Para el cristiano, ley y rectitud deben ir de la mano. Bien sabemos que no siempre lo legal es para nosotros lo legítimo o moral. Las leyes cambian y buscan el consenso popular. Dios no cambia y es nuestro permanente referente. Junto al llamado a respetar las leyes y los gobernantes (Rm 13:1), tenemos el llamado a discernir lo bueno y justo (Hch 4:19). Es necesario una iglesia que sepa discernir para servir a su generación sin contaminarse con sus prácticas. Que sepa encarnar el evangelio sin torcer la verdad. Que sepa distinguir fondo y forma, conservando lo esencial del evangelio y siendo relevante a su generación.

ORÁCULO 3
Fidelidad de Dios vs. deslealtad en Israel (2:10-16)

«El mandamiento más importante de la tradición judeo-cristiana es atesorar a Dios y su Reino más que a cualquier otra cosa… Entonces, también atesoraremos al prójimo como Él lo atesora».

DALLAS WILLARD

Comienza aquí un nuevo tema con una serie de preguntas que vinculan la relación con Dios y la relación con el prójimo; o, expresado en términos más concretos, el pacto y el carácter de Dios y su implicación para el matrimonio.

Como introducción a esta sección debemos considerar el concepto «deslealtad» y su relación con el pacto y el carácter de Dios. Dios es fiel, por ello, la relación con él y el pacto establecido en Sinaí demandan lo mismo de todos sus hijos, en todas sus relaciones humanas y, especialmente, en el vínculo concreto de la institución matrimonial. Para que haya deslealtad debe existir un compromiso previo. Este puede ser expreso y escrito (como un pacto) o tácito (como la amistad). En ambas situaciones se espera una determinada conducta del otro, que sea fiel a lo que se espera de él, a lo que significa la relación.

En el contexto del Antiguo Testamento, el eje principal de la ética de Israel se encuentra fundamentada en el pacto sinaítico y, principalmente, en el decálogo y su desarrollo en el libro de Deuteronomio. Israel debe ser fiel al pacto si desea estar bajo la bendición de Dios. La desobediencia, que es infidelidad, acarrea juicio, maldición. El énfasis en el libro de Deuteronomio es, pues, la fidelidad al pacto, subrayada con una grave advertencia en caso de ser infiel a este. Esta demanda tiene su referente más importante en el carácter de Dios. Él es fiel, cumple sus compromisos y promesas, y por ello espera y demanda esta misma conducta de su pueblo, que debe reflejar el carácter de su Dios.

La fidelidad o lealtad de Dios es el fundamento de la vida de Israel. Solo por su amor fiel, Dios llamó, redimió y preservó a Israel y, aun cuando lo disciplinó, como hace un padre con su hijo, no lo destruyó sino mantuvo sus promesas de bendición. Era su lealtad al compromiso con Israel y su misericordia que dejaban la puerta abierta al perdón y la reconciliación, porque él no cambia. Este amor clama al arrepentimiento, como aquí en Malaquías. Su denuncia es un llamado a ver el pecado y cambiar. La deslealtad es, por tanto, una ofensa a Dios, es «desnaturalizarnos» como hijos de Dios.

Si bien en el Nuevo Testamento no estamos bajo la Ley y el antiguo pacto, no estamos tampoco sin ley ni sin pacto. La muerte de Jesús en la cruz es interpretada por él mismo como sellar el nuevo pacto, el prometido ya en la antigua dispensación (Jr 31:31). En este nuevo pacto él se sigue mostrando siempre fiel (Mt 28:20), leal, esperando y demandando lo mismo de sus discípulos.

La relación privilegiada en el pacto tiene su expresión más clara e íntima en la dimensión humana del matrimonio. El matrimonio es la imagen escogida tanto en el Antiguo como en el Nuevo Testamento como analogía de la relación entre Dios y su pueblo (cf. Os 1–3; Ef 5:21-33). Es interesante notar que es Dios quien se presenta como modelo. Es desde su carácter y actuación misericordiosa que se establece la relación. En otras palabras, hay un modelo vertical, no de abajo arriba, como una proyección de lo que vemos en el matrimonio, sino de arriba abajo. De la conducta de Dios hacia su pueblo debemos aprender el carácter de la relación matrimonial. Dios es la referencia. Él es fiel y, aun con nuestras imperfecciones, espera lo mismo de nosotros. Esta dimensión vertical tiene una dimensión horizontal en nuestras relaciones humanas. Cuando en el matrimonio se expresa un amor genuino, desinteresado, bondadoso, tenemos un atisbo del amor que viene del cielo.

Si el matrimonio es imagen especial de la relación de pacto Dios-Israel, la cuestión es cómo se refleja esta realidad en los matrimonios concretos en el pueblo de Dios. Los versos siguientes ponen su foco principal en este asunto, y resulta evidente del contexto (2:11b; 14b; 15b), que examinaremos más adelante.

10 ¿No tenemos todos un mismo padre? ¿No nos ha creado un mismo Dios? ¿Por qué, pues, nos portamos deslealmente el uno contra el otro, profanando el pacto de nuestros padres?

(2:10)

Desde este contexto general de la sección consideraremos el verso 10.

El enfoque en los problemas que sufrían los matrimonios comienza con una pregunta que aplica a Dios un término poco común en el Antiguo Testamento: Padre. Si bien el concepto no es totalmente extraño (cf. 1:6; Os 11:1), es más común en el contexto del pacto la relación Señor-vasallo. Será el Nuevo Testamento y la oración que enseñó Jesús a sus discípulos quienes pondrán el acento en la relación paternofilial con Dios.

La figura aquí sirve para remarcar el origen común. Se podría entender, en conexión con la frase siguiente, como una alusión al acto creativo por el cual todos los seres humanos provenimos de Dios, somos su imagen y parte de la familia humana. Sin embargo, la tercera frase menciona la profanación del pacto. Entendido el verso en su conjunto seguramente es mejor interpretar la imagen como alusión al origen común de todos los israelitas. Si entendemos las frases primera y segunda como paralelas se trataría de Dios como Padre en cuanto a la formación de Israel, y ambas frases reforzarían el sentido de unidad del pueblo de Dios. Algunos ven una referencia a Abraham como padre de la nación. Aunque humanamente Abraham es el padre de la nación, en último término el origen es Dios mismo, por su llamamiento a Abraham, por el hijo de la promesa dado a la estéril Sara, por el pacto y las promesas, y por la redención de Egipto (cf. Os 11:1) y la donación del pacto sinaítico. La frase se entiende, entonces, aludiendo a Dios como Padre y remarcando la situación privilegiada de Israel en su vínculo con Yahvé, pero también su responsabilidad.[23] El vínculo establecido en los pactos abrahámico y sinaítico conlleva una relación filial entre los israelitas de amor y fidelidad, faltar a ello es profanar el pacto de los padres, es decir, el pacto que Dios estableció con sus ancestros.

11 Prevaricó Judá, y en Israel y en Jerusalén se ha cometido abominación; porque Judá ha profanado el santuario de Jehová que él amó, y se casó con hija de dios extraño.

(2:11)

Como introducción a la denuncia que encontramos en este versículo, se establece que este problema, a diferencia del énfasis en las anteriores controversias, corresponde a la totalidad del pueblo de Dios. De nuevo, la reiteración de sujetos y denuncias sirve para enfatizar la gravedad del mal.

Judá es la tribu representativa del pueblo de Dios, especialmente desde el año 722 a. C., cuando los asirios tomaron Samaria y deportaron a la mayoría de israelitas residentes en el reino del Norte. Judá permaneció hasta el 586 a. C., cuando sufrió a su vez la deportación a manos de los babilonios hasta el regreso de varios grupos de deportados (a partir del 537 a. C.) con el decreto de Ciro. Israel, por su parte, hace referencia a las diez tribus del norte desde la división del reino en tiempos de Roboam, pero también sigue como nombre del conjunto del pueblo de Dios, la totalidad de las doce tribus, especialmente en los tiempos postexílicos.

---

23. En la denuncia posterior (2:11) se habla de casarse con la «hija de dios extraño», lo que reforzaría esta interpretación.

Jerusalén, bajo el dominio persa, vuelve a ser la ciudad principal para los judíos, el lugar en el que se ha reedificado el templo y, como centro de gobierno de la nación, causa de bendición o juicio. Del gobierno de la ciudad debía emanar la justicia, la buena dirección, pero, más habitualmente era causa de injusticia y crisis institucionales. La queja contra Jerusalén apunta al corazón del pueblo y a sus esperanzas; el centro político de la nación no está bien.

Las preguntas de los versículos anteriores, que apuntan al problema de la infidelidad, se concretan ahora en tres delitos que se han producido en una sola acción.

Los tres delitos denunciados son:

1. *La prevaricación.* En la dimensión legal se dan resoluciones injustas. Conscientemente, sus jueces y autoridades actúan contra la ley. La connivencia, el trato de favor, la acepción de personas, no debían tener lugar en el pueblo de Dios. Este delito fue denunciado reiteradamente por los profetas.[24]

2. *La abominación.* En el aspecto moral realizaban actos vergonzosos, profundamente desagradables a Dios. Las intenciones y las acciones que realizaban provocan el rechazo de Dios porque están en contra de su carácter y santidad. La guía no es su Palabra, o, al menos, la intención de su Palabra. Aun la Ley se puede corromper en contra de su intención original tanto por la vía del legalismo frío que se fija solo en la norma y no en el propósito, como en el extremo opuesto del libertinaje que no atiende a la enseñanza o la usa para sus propios fines.

3. *La profanación en el aspecto religioso.* Trataban aquello que era sagrado sin el debido respeto. Toda acción del pueblo de Dios, y de sus miembros particulares, está necesariamente ligada a su fe y al honor de Dios.

   Actuar de una manera indigna «mancha» el honor de Dios, a quien representamos en el mundo. Las acciones de Israel contaminaban el servicio del culto, el espacio sagrado. Su indolencia ante la injusticia y la revelación eran más contaminantes que las inmundicias de la carne. Como acusó Jesús a los fariseos, por fuera

---

24. La lista de texto sería extensa, sirvan como ejemplo Is 1:16-17; Jr 22:3; Mi 3:1-3.

podían parecer limpios, pero por dentro estaban llenos de inmundicia (Mt 23:25, 27-28).

El caso concreto: Los matrimonios con paganos

La ley prevenía esta situación y, especialmente, el peligro de matrimonios con los pueblos vecinos, con la consecuente introducción de la idolatría. La situación se hizo especialmente grave cuando los hijos de estas relaciones ni siquiera conocían el idioma judaico (Neh 13:23-24), lo que indicaba una educación completamente extraña tanto en el ámbito cultural como religioso.[25] Sin embargo, esta era solo la primera parte ya que, para contraer nuevo matrimonio, se habían divorciado de sus primeras esposas (Mal 2:15b), afrentando así la institución matrimonial.

La cuestión hoy también es relevante y el principio de no unirse en yugo desigual con un no creyente debería mantenerse. Pablo plantea la situación general de separación para que un creyente no se involucre en hábitos, conductas o compromisos que afecten su fe (2 Cor 6:14). En la experiencia práctica se observan muchos casos en los que la persona no creyente es la que mayor influencia tiene en la relación. Sin duda hay excepciones, pero estas no invalidan el principio de separación, como la misericordia de Dios tampoco justifica el pecado.

Quizás sí sería conveniente abordar el tema desde una perspectiva pastoral por medio de la enseñanza, ya que siempre es mejor una labor preventiva. No obstante, cuando se dé el caso es tan importante recordar los principios bíblicos como expresar la gracia de Dios, con una disciplina que enseñe, no que castigue; que corrija, no que excluya.

12 Jehová cortará de las tiendas de Jacob al hombre que hiciere esto, al que vela y al que responde, y al que ofrece ofrenda a Jehová de los ejércitos.

(2:12) La sentencia

Dios eliminará de las tiendas de Jacob al que haga esto. La declaración de Dios manifiesta la gravedad del caso, es un juicio drástico. No era para

---

25. Sobre el trasfondo de Neh 13:23-24, se desarrollará en el comentario de 2:15.

menos, el futuro del pueblo de Dios estaba en juego si seguían estos matrimonios y la idolatría, que podría ser... ¿un nuevo exilio? Las tiendas de Jacob son una referencia a la comunidad de Israel, con una especial mención al tiempo en el desierto. Como una mala hierba, Dios sacará al malo de en medio de su pueblo. Recuerda de nuevo el juicio de Dios en Números, cuando a causa de la fornicación con las mujeres moabitas perecieron miles de israelitas.

Estos juicios sumarísimos han provocado en algunos la sensación de una imagen de Dios diferente en el Antiguo y Nuevo Testamento, uno airado y otro amoroso, nada más lejos de la realidad. En el Antiguo Testamento, Yahvé es Dios misericordioso, ama a su pueblo, está dispuesto a perdonar (Éx 34:6). De igual manera, Dios en el Nuevo Testamento muestra tanto su misericordia como aplica la disciplina como parte de su amor (Hb 12:7; Prov 3:12), en algunos casos de manera ejemplar (Hch 5:1-11; 1 Cor 11:30). El juicio y la disciplina de Dios, sea personal o comunitaria como en Apocalipsis 2–3, tiene por objeto la corrección y restauración. Si el Antiguo Testamento destaca algo es más bien la misericordia de Dios frente a la rebeldía constante de Israel. Cierto que hay algunas tramas difíciles, especialmente el juicio de Dios sobre los pueblos cananeos, que deben entenderse en este contexto general y de la omnisciencia, justicia y soberanía de Dios.

En el Nuevo Testamento Dios también aplica disciplina, como se ha comentado, y la iglesia es igualmente responsable de cuidar una ética sana (1 Cor 5:1, 5) pero siempre desde una perspectiva misericordiosa y restauradora (Gá 6:1-5). Hemos sacado demasiadas «tarjetas rojas» expulsando a jóvenes en el pasado por pecados sexuales, con un moralismo parcial que olvida otros problemas graves como el del orgullo, los clanes familiares, la acepción de personas, el amor al dinero, la murmuración, el deseo de poder o la fama (1 Jn 2:16). Si bien conviene enseñar y educar sobre la sexualidad bíblica, y Malaquías hace énfasis en esto, no es menos cierto que hay muchos otros temas que se soslayan y que resultan tan graves o más en el seno de la iglesia, como los citados anteriormente.

Como decía, la disciplina de la iglesia debe enfocarse en la restauración; no es un castigo por el pecado. El castigo ya lo llevó Cristo en la cruz. La disciplina es un llamado a la reflexión sobre la propia conducta, al arrepentimiento de cuanto hacemos en contra de la voluntad de Dios, a la santidad de vida. Esta disciplina no es tolerancia del pecado sino pedagogía bíblica, dejando el juicio de los rebeldes en manos del Señor (1 Cor 5:5).

La siguiente frase «al que vela y al que responde»[26] es de difícil sentido, por ello, se traduce de diferentes maneras: «al hijo y el nieto», «maestro y alumno», o como una referencia al atalaya y al que le responde. En todo caso, el sentido principal es obvio y en él coinciden la mayoría de comentaristas: que el transgresor sea excluido y no tenga quien presente sacrificios al Señor por él. Queda claro que alude a quienes ofrecen sacrificios a Dios, pero actúan sin respetar las enseñanzas y demandas de Dios. Existe una dicotomía en la que el culto se separa de la vida y en la que Dios no es Dios de todo. Su Palabra no es la guía en sus acciones y decisiones y, a pesar de eso, ¡pretenden agradar a Dios por medio de sacrificios! (Am 5:21-24).

La solemnidad o seriedad del culto, que no tristeza o rigidez, requieren un llamado a la santidad de vida en los participantes. Dios permanece distante del culto que se desarrolla sin una clara conciencia de la santidad de Dios y sus demandas éticas (Prov 15:8-9).

13 Pero aún hacéis más: Cubrís el altar de Jehová de lágrimas, de llanto y de clamor; así que no miraré más la ofrenda, ni la aceptaré con gusto de vuestras manos. (RVR95)

(2:13) Dios no escucha

Por si las acusaciones anteriores no fuesen suficientemente graves, el Señor añade un «aún hacéis más». Se podría entender en forma cuantitativa,

---

26. «Al que vela y al que responde», ¿podría referirse a los sacerdotes, en su función de guardar el templo y anteriormente el tabernáculo? Para Gillis, el sentido de la frase «incluiría a toda persona en el país… todo el que cometiera el error de casarse contra la ley», Gillis, C. (1991), (Vol. 5, p. 223). Sin embargo, la mayoría de comentaristas sugieren que tiene que ver con la persona y su descendencia; así, el comentario de Wickham-Glasscock (p. 107) alude a la destrucción del «apóstata y sus descendientes». En la misma línea, Wolf (pp. 96-97), aunque recoge otros sentidos como «maestro y alumno» o «vigilante y replicante», afirma: (la frase) «debe referirse a la posteridad de un hombre», y Greathouse, W. (p. 417) «no quedará nadie en su casa para ofrecer sacrificios (12b)». Kelley, por su parte, (pp. 45-46) se extiende un poco más. Para él, el verso 12 es una típica maldición de un pacto. Es una petición del profeta a Dios para que erradique la descendencia de todos los que han obrado así (que se haya casado con una mujer idólatra), incluye todos los miembros de una familia, tanto presentes como futuros. La última frase solicita que el transgresor no tenga descendientes que puedan cumplir con los deberes del sacrificio.

El Tárgum y versiones siríacas traducen en esta línea: «al hijo y al nieto». La Vulgata: «maestro y alumno».

«aún una cosa más», o cualitativa, «aún una cosa más grave». La extensión de esta denuncia nos lleva a considerarla en este segundo aspecto. Se incrementa la gravedad del pecado.

La exposición del caso comienza con el resultado: cubren de lágrimas el altar de Dios, pero Dios no les presta atención. El ministerio sacerdotal gozoso de la intercesión, la guía espiritual, se había trastocado en un duelo permanente.

No se trataba de que le faltase entusiasmo al culto, un poco más de creatividad u otro ingrediente dinamizador –y no critico el buen deseo que pudiera haber en quienes quieran aportar estos ingredientes– sino que Dios, como siempre, va a la raíz del problema: lo que hay en el corazón del adorador (Jn 4:23). Lo que estaba pasando, y que aún no ha declarado, provoca el rechazo de Dios, que no acepta ni sus ofrendas ni sus lágrimas. El culto a Dios debe ser cuidadosamente pensado porque Dios no acepta ofrendas que no vengan de un adorador de corazón.

Aunque el texto se refiere a las lágrimas de los sacerdotes que seguían implorando y reclamando el favor de Dios, también me hacen pensar en otras lágrimas, las lágrimas que ellos podían provocar con su conducta. A la luz del verso siguiente, ¿no podríamos también pensar en las lágrimas que derramarían aquellas (las mujeres que han sido despreciadas, vv. 12 y 14) que estaban sufriendo la injusticia? Hay lágrimas que vale la pena derramar, como las de la confesión, del arrepentimiento (2 Cor 7:10), lágrimas de gozo frente al amor y la misericordia de Dios, ¡sí, estas valen la pena! No obstante, también provocamos lágrimas por la dureza de nuestro corazón, por las actitudes legalistas, por acciones injustas. ¿Qué provoca nuestro ministerio? ¿Qué consecuencias conllevan nuestras acciones? ¿Somos fuente de gozo o hiel amarga para otros?

14 Mas diréis: ¿Por qué? Porque Jehová ha atestiguado entre ti y la mujer de tu juventud, contra la cual has sido desleal, siendo ella tu compañera, y la mujer de tu pacto.

(2:14) La causa de los oídos sordos

La causa de la actitud de Dios es la acción impía que se ha cometido en medio de su pueblo.

Dios demandaba la separación de otras naciones y el alejamiento del pecado, especialmente de la contaminación idolátrica del entorno en el que vivía Israel. Sin embargo, en la época del postexilio, a pesar de su compromiso con Dios (cf. Neh 9:2; 10:28-31), Israel volvió a emparentar con los pueblos paganos (cf. Neh 13:23). Como podemos observar, se está cometiendo una doble deslealtad, los matrimonios con paganas y el divorcio de sus anteriores esposas.

El divorcio

Aunque la Ley permitía el divorcio (Dt 24:1), este nunca se dio como medio que facilitase la ruptura del compromiso nupcial sino como un medio que diese protección a la esposa repudiada a fin de que no fuese rechazada socialmente y pudiese regresar a la casa paterna. En el contexto del Antiguo Testamento, tenemos leyes «permisivas» que contemplan la diversidad casuística que se podía dar en la sociedad israelita. Aquí es donde se incluyen la poligamia y la ley del divorcio, que, sin expresar la voluntad divina, atienden el problema de la dureza de corazón del ser humano y así defienden la posición del más débil, en este caso la mujer. Solo el cambio de corazón capacita para cumplir realmente con la voluntad de Dios.

Desde esta intención de la ley del divorcio y la enseñanza de Jesús en el Nuevo Testamento, queda clara una doble realidad. Por un lado, la voluntad divina, que no es otra que la fidelidad al pacto matrimonial, teniendo como modelo la fidelidad de Dios. Por otro lado, la debilidad humana, con sus limitaciones y deficiencias que nos conducen a una gran diversidad casuística que provocan gran dolor y la posible ruptura del pacto (Os 2:2). Jesús, cuando es preguntado por el tema, obviando la casuística, se remite al propósito original de Dios. Este no es otro que un pacto con carácter de permanencia, basado en la fidelidad y la gracia de Dios. Pero, siendo un pacto, solo se mantiene cuando cada uno de los cónyuges hace uso de los recursos de la gracia de Dios para permanecer fieles.

El divorcio nunca tuvo, en la Biblia, el propósito de ser una puerta falsa por la que escapar a nuestras responsabilidades, la solución fácil para no enfrentar y trabajar los problemas de la vida y la convivencia matrimonial. Pero cuando alguien rompe el pacto y de forma deliberada persiste en su actitud, el divorcio solo es la constatación de una realidad que ya se ha producido de hecho. En este caso, la tarea pastoral es delicada y debe reconocer las circunstancias de cada caso particular.

Un apunte más, muy relevante, es que Dios es testigo del pacto matrimonial (1 Ts 4:3-6). Especialmente como parte del pueblo de Dios, debemos entender que nuestros compromisos no son solo palabras dadas a otra persona, son palabras que nos comprometen delante de Dios y, mucho más, en el caso del matrimonio, el compromiso que conlleva la relación más estrecha y completa según el diseño divino (Gn 2:24). Es un compromiso que hacemos también como parte de un pueblo que tiene como su llamado el reflejar a Dios en el mundo.

Este compromiso con la esposa, la mujer de tu juventud, supone el cumplir todas las promesas dadas. No basta, pasivamente, con no ser infiel, es necesario cumplir la palabra dada en los votos matrimoniales: el cuidado, protección, amor, respeto, compañerismo con el cónyuge. El matrimonio entre creyentes no es la conclusión de un simple deseo personal, debería ser la concreción de buscar la voluntad de Dios en una unión que abarca todos los aspectos: espiritual, emocional y físico.

15 ¿No hizo él uno, habiendo en él abundancia de espíritu? ¿Y por qué uno? Porque buscaba una descendencia para Dios. Guardaos, pues, en vuestro espíritu, y no seáis desleales para con la mujer de vuestra juventud.

(2:15)

Este es uno de los textos más complejos de la Biblia y, por supuesto, de Malaquías. Lo podemos comprobar al examinar las diversas traducciones en las versiones castellanas.

Algunas de ellas nos mostrarán este aspecto:

NVI *15* ¿Acaso no hizo el SEÑOR un solo ser, que es cuerpo y espíritu? Y ¿por qué es uno solo? Porque *busca descendencia dada por Dios.]* Así que cuidaos en vuestro propio espíritu, y no traicionéis a la esposa de vuestra juventud.

DHHE *15* ¿Acaso no es un mismo Dios el que ha hecho el cuerpo y el espíritu? ¿Y qué requiere ese Dios, sino descendientes que le sean consagrados? ¡Cuidad, pues, de vuestro propio espíritu, y no faltéis a la promesa que hicisteis a la esposa de vuestra juventud!

La primera cuestión es, ¿a quién refiere la palabra «uno»? Algunos la conectan con Dios como creador: el Dios único. Podría ser en este caso una denuncia velada de la idolatría. Otros, por su parte, la relacionan con lo creado; aquí encontramos diversidad de opciones entre las que se apuntan a Isaac, hijo de Abraham, y por extensión a la nación de Israel en su unidad. La descendencia que se menciona sería, en este caso, el pueblo de Israel corporativamente. Muchos se inclinan a relacionar este «uno» con la primera pareja, subrayando así la unidad en la relación matrimonial. Finalmente, otros lo interpretan como referencia personal hipotética: «ninguno que tenga un remanente del Espíritu lo ha hecho *así*» (LBLA).

El sentido del texto en hebreo no es claro y debe determinarse por su contexto. Si repasamos este contexto vemos que la unidad y fidelidad en el pueblo de Dios es consecuencia de la paternidad divina (2:10). Un Dios y un pueblo. La relación de hermandad refuerza el sentido de pertenencia y fidelidad al pacto que tenían con Dios y a sus compromisos mutuos. Esto descarta los matrimonios con esposas de pueblos paganos (2:11). Bajo este principio se profundiza en un mal más grave: la ruptura del pacto matrimonial abandonando la primera esposa «de la juventud» para casarse con mujeres extranjeras, que es traición y la profanación del pacto. Importante el contexto histórico en el que se denuncia la pérdida de identidad ya que los hijos no conocían el idioma hebreo (cf. Esd 10:2-3, 10-11, 14; Neh 13:23-27). También el contexto inmediato (2:14b y 2:15c) relaciona el texto con el problema del divorcio que rompe tanto la unidad conyugal como comunitaria, para concluir con la exhortación a mantener la fidelidad a la propia esposa, la de la juventud o primera esposa.

El proyecto

Dios demanda de su pueblo que le honre (Mal 1:6) y una parte esencial de esta honra está en desarrollar correctamente el proyecto original de Dios con el ser humano, declarado en Génesis: un matrimonio, una sola carne, para tener una descendencia a la que transmitir los valores de Dios. Por esto me inclino a pensar que el texto apunta a reforzar el sentido de unidad en el matrimonio y denunciar el mal de la traición y el divorcio. Aunque las otras opciones tienen ideas jugosas y aplicaciones prácticas. Este enfoque se complementa con la dimensión comunitaria. En nuestra sociedad occidental, tan individualista, olvidamos el claro concepto veterotestamentario en el que las acciones del individuo incidían para bien o para mal en la vida comunitaria. El propósito del matrimonio, que en primer lugar es el de la complementariedad para llevar a cabo la misión de Dios (Gn 1:26-28), se extiende en la dimensión de levantar una descendencia a la que se transmita la enseñanza y valores del evangelio.

Aunque entendamos que la responsabilidad de responder al evangelio es un asunto personal, el Nuevo Testamento nos recuerda la responsabilidad de los padres y la necesidad de transmitir a los hijos el mensaje de Dios. La comunidad eclesial debe ser igualmente responsable de testificar de la gracia de Dios en vida, actitudes, relaciones, para no ser escándalo a los más pequeños; pero, en última instancia, la responsabilidad educativa más importante queda en manos de los padres, del hogar. Hoy, con corrientes e ideologías que chocan con los principios del evangelio, se hace más necesario inculcar los valores cristianos en el hogar, preparar a los hijos para enfrentar a un mundo poscristiano cuando no anticristiano.

16 Porque Jehová Dios de Israel ha dicho que él aborrece el repudio, y al que cubre de iniquidad su vestido, dijo Jehová de los ejércitos. Guardaos, pues, en vuestro espíritu, y no seáis desleales.

(2:16)

A la clara conclusión y demanda del final del verso 15 le sigue la declaración final de Dios respecto a este tema.[27] La fidelidad que Dios demanda está motivada en su propio carácter, él aborrece el repudio. En el contexto del pueblo del pacto y en la demanda de fidelidad mutua entre los componentes de este pueblo, el repudio resulta una situación contradictoria, no es este el propósito de la voluntad divina. Si es así, ¿cómo es que Dios

---

27. Los dos verbos (odia y cubre) están en tercera persona. Por eso, algunos los traducen ambos refiriéndose a los transgresores: el que aborrece y repudia… cubre su vestido (NBE). El que repudia a su esposa porque ha dejado de amarla… se comporta de forma violenta (La Palabra).

lo consintió? Por la naturaleza misma del pacto matrimonial. Aunque la voluntad y propósito divino es la unión permanente de los contrayentes, el pacto matrimonial, como pacto, demanda el compromiso de ambas partes para su permanencia. Si una o ambas partes son infieles, el pacto se rompe. No existe en la Biblia una visión sacramental del matrimonio, como si la unión permaneciese independientemente de la voluntad de los contrayentes. Si hay infidelidad, hay ruptura, quebrantamiento del pacto. Aun en este caso, la voluntad divina es la restauración o renovación del pacto, pero esta dependerá de la voluntad de los contrayentes. El libro de Oseas ilustra con claridad esta verdad al menos con dos conceptos que surgen de los primeros capítulos. Primero, la infidelidad de la esposa rompe el pacto (Os 2:2), y la voluntad explícita del esposo es el perdón y la restauración. Segundo, la persistente infidelidad conduce al divorcio como expresión legal de la realidad matrimonial. A pesar de todos los obstáculos en contra, Dios nos muestra el camino de la reconciliación y restauración, nos da los recursos y nos presenta su ejemplo (Os 2:14-20).

La expresión «cubre de iniquidad su vestido» se ha entendido al menos de tres maneras: a) Como una referencia a tomar esposa, según las costumbres antiguas de «extender al manto» sobre ella (Rt 3:8-9; Ez 16:8)[28]; b) Como el trato violento contra la esposa[29] o carácter violento; y c) Como la presentación de ofrendas a Dios sin dar mayor importancia al repudio de la propia esposa.[30]

La advertencia sobre la deslealtad incluye, sin ninguna duda, el ámbito matrimonial, pero se expresa de forma general, apuntando más al carácter que a un hecho puntual. Un miembro del pueblo de Dios que es beneficiario de la gracia y de la fidelidad divinas debe mostrarlo en su propia conducta.

Siendo un tema delicado, concluiría afirmando que el párrafo deja clara la posición de Dios respecto al divorcio. Es un hecho que detesta porque supone la infidelidad cometida contra el pacto realizado. Esta misma declaración afirma la posibilidad del divorcio. No es lo que Dios desea, pero es lo que puede acontecer por la dureza de nuestro corazón. Estamos en riesgo y, por ello, tenemos la necesidad de cuidar con

---

28. Greathouse, W., p. 419; Walvoord, J. F., p. 324; Kelley, p. 51-52.
29. Wolf (Sal 109:18; 73:6).
30. Adam, Peter, p. 356.

esmero de nuestros matrimonios, no dando lugar al diablo y examinando nuestros corazones para permanecer fieles conforme a la voluntad de Dios. La fidelidad no tiene que ver exclusivamente con relaciones sexuales. No es únicamente no mirar y desear a otra persona diferente de nuestro cónyuge. Es mantener las promesas de cuidado, amor y atención con las que nos comprometimos el día de la boda. Es ser fieles a todas esas promesas.

El matrimonio es una flor hermosa y delicada que debe cuidarse cada día, debe regarse con frecuencia, porque esto es agradable delante de Dios. Para no caer en aquello que Dios aborrece, el divorcio, no basta con mantener las apariencias legales, es necesario mantener viva la relación con dedicación, confesión, perdón y restauración. No seamos, en ningún sentido, infieles a nuestros cónyuges. Presentemos nuestras debilidades al Señor. Busquemos su gracia y poder para esta tarea primordial.

No es posible realizar un ministerio con excelencia si no es cuidando de nuestro matrimonio. No se puede separar nuestra relación conyugal de nuestra relación y comunión con Dios y viceversa. El apóstol Pedro es muy claro al respecto, y dice que el hecho de que Dios oiga tus oraciones depende de cómo cuidas a tu esposa (1 P 3:7). Cuidémonos y cuidemos a nuestro cónyuge.

ORÁCULO 4
Santidad de Dios vs. cinismo del pueblo (2:17–3:5)

«Si fuéremos infieles, él permanece fiel;
Él no puede negarse a sí mismo».

2 TM 2:13

Con este verso 17 comienza una nueva sección, introducida por la cuestión «habéis hecho cansar a Jehová». Dios no se fatiga ni cansa, ¿qué significa entonces? Dios dice ¡Basta! Como ya resulta habitual, la respuesta del pueblo es la manifestación clara de la insensibilidad. «¿En qué le hemos cansado?», argumentan los oyentes. Lo que resultaba evidente para Dios y para cualquiera que observase con atención, para ellos era algo totalmente desconocido, tan acostumbrados estaban a obrar mal. El Señor descubre la crítica de su pueblo: Dios se agrada y complace con los que hacen el mal, si no, ¿dónde está el Dios de justicia? La respuesta contundente de Dios tiene dos tiempos. En primer lugar, Dios enviará al mensajero que preparará el camino, y, en segundo lugar, vendrá después el Señor con una doble misión, purificar a los sacerdotes y, consecuentemente, las ofrendas de Israel, y condenar a los pecadores.

La temática de esta parte tiene su continuación en los versos 3:13-18. Si en este primer abordaje del tema se afirmaba que Dios consiente y se complace con la injusticia, luego se le acusará de no hacer nada al respecto. A la temática sobre la justicia se añade el aspecto escatológico en ambas secciones.

17 Habéis hecho cansar a Jehová con vuestras palabras. Y decís: ¿En qué le hemos cansado? En que decís: Cualquiera que hace mal agrada a Jehová, y en los tales se complace; o si no, ¿dónde está el Dios de justicia?

(2:17)

Habéis hecho cansar a Dios. El lenguaje antropomórfico (que aplica a Dios acciones, sentimientos y características humanas) es habitual en las Escrituras, aunque siempre desde una perspectiva respetuosa. Aquí, el Dios que no se fatiga ni se cansa, pierde la paciencia. Se remarca de esta manera que la actitud de Israel era agotadora. A los males ya descritos, a su negligencia en el servicio, añaden el pensar mal de Dios, muy mal. Es la gota que colma el vaso y Dios dice: ¡basta! Aunque el amor y la misericordia están disponibles en la gracia divina, no es menos cierto que él establece límites y puede decir «me habéis cansado» determinando el momento de juicio y crisis que, en el fondo, tiene siempre un propósito purificador al separar justos de injustos, o limpiar a los justos de la escoria, de sus propias debilidades e inconsecuencias (Jr 15:19; 1 P 1:7).

La respuesta es una reacción de incredulidad: ¿en qué? Aunque deberían ser conscientes del mal que llevaban a cabo, quieren defenderse como inocentes, como extrañados de la acusación, ¿cómo dices esto de nosotros, pobres e inocentes corderillos? La falta de sinceridad y honestidad con nuestros propios pecados nos condena al ostracismo, a la distancia de Dios, al abandono. Examinarnos a nosotros mismos es una sana práctica, que evita el juicio (1 Cor 11:28, 31). El énfasis desequilibrado en el amor de Dios

–aunque nunca diremos ni profundizaremos lo suficiente en él– a expensas de su justicia y santidad, conduce a actitudes insanas impropias del pueblo de Dios. Por ello, la Biblia nos recuerda que Dios es fuego consumidor, que el aventador está en su mano, que el juicio comienza por la casa de Dios.

Su distorsión, hoy añadiríamos «teológica», es tal que piensan que Dios se complace en los malos. ¡Vaya pensamiento! ¡Y se preguntaban en qué habían cansado a Dios! ¿No muestra esto cierto cinismo? La cuestión del mal no es un asunto fácil, ni corto de explicar, y no voy a pretender solucionarlo en unas líneas, pero sí recoger las propuestas de Malaquías al respecto:

a) Malaquías no niega el problema, habla abiertamente de ello.
b) El juicio sobre el mal viene y es seguro (3:5).
c) Dios no es impasible (4:1).
d) Dios no cambia, su carácter es fiel (3:6), y menos mal porque si no habrían sido desechados hace tiempo.
e) Quienes le conocen cambian la acusación en honra (3:16).

Dios no se sorprende ni ofende por nuestras dudas y preguntas, pero sí de nuestra incredulidad. Dios escuchó y dialogó con las luchas que sostuvo Habacuc, quien al final resolvió la cuestión, no desde tener todas las respuestas, sino por reconocer quién es Dios, alguien digno de confianza (Hab 3:18).

¿Cuál es nuestra visión de Dios? ¿Qué la condiciona? Quizás construimos nuestra imagen de Dios más desde la perspectiva de los intereses personales que desde la obra y proyecto divinos, su misión en el mundo. Examinemos nuestro corazón y nuestra percepción acerca de Dios.

1 He aquí, yo envío mi mensajero, el cual preparará el camino delante de mí; y vendrá súbitamente a su templo el Señor a quien vosotros buscáis, y el ángel del pacto, a quien deseáis vosotros. He aquí viene, ha dicho Jehová de los ejércitos.

(3:1) Envío mi mensajero

El tema del mensajero parece que irrumpe de golpe, sin relación con lo inmediato. Sin embargo, es parte de la respuesta a la pregunta de 2:17d:

«¿Dónde está el Dios de justicia?». Se responde: vendrá súbitamente (3:1) y vendré para juicio (3:5).

El texto distingue dos personas: el mensajero y el Señor; y dos misiones: preparar el camino (labor de mensajero), y traer un juicio purificador (labor del Señor).

El mensajero. La palabra hebrea *ml'k* (malaki),* mensajero, es la que da nombre al libro. Podemos ver aquí lo que algunos denominan "fusión de horizontes" de carácter profético. El texto funde la visión futura y la presente de la misión del mensajero, aunque la preeminente es la futura, relacionada con la acción de Dios. En otras palabras, existe cierta correspondencia entre la misión del mensajero futuro y la misión del propio Malaquías, que hace de mensajero del Señor. ¿Acaso todo el mensaje del profeta no es en sí una advertencia sobre la conducta en el ministerio a la luz de la visita del Señor ante el cual daremos cuenta?

Este mensajero prepara el camino. La imagen era común en la antigüedad. Cuando un rey visitaba sus dominios enviaba un precursor para prepararlos a fin de que todo estuviese dispuesto para su llegada. La llegada del mensajero es un anticipo seguro de la llegada del Señor. El texto apunta proféticamente a la labor de Juan el Bautista, este es el que preparó el camino para el ministerio de Jesús (Mt 11:10 y par.).[31]

¿No encontramos aquí una lección sobre nuestro propio ministerio? Un ministerio que debe centrarse en Dios y no en nosotros mismos, preparando al pueblo de Dios para el servicio y la llegada del Señor. Un ministerio que se enfoca, usando la misma expresión que usó Juan el Bautista, en que él (Cristo) sea el que crezca y nosotros mengüemos, colocando los focos en Jesús, no en nosotros (Jn 3:30). Cuando vemos a nuestro alrededor tantos que colocan los focos apuntando a ellos mismos, con mensajes hablando sobre sus gestas, logros, bondades… es necesario proclamar el verdadero mensaje que apunta a Cristo para que nuestra propia persona quede en la sombra.

El Señor. El que viene es el Señor… y el ángel del pacto. Aparentemente el texto habla de dos personas, el Señor y el ángel o mensajero del pacto. Aunque la palabra «mensajero» es la misma al principio del verso

---

* La palabra hebrea se puede traducir tanto por mensajero como ángel.

31. Kelley, p. 74.

y en esta frase, algunas traducciones han preferido verter «ángel» para distinguirlos. Este segundo mensajero no tiene como misión preparar el camino, sino que es el mensajero del pacto. Además, hay dos frases que se presentan como la forma típica del paralelismo hebreo, en este caso sinónimo, por lo que se podría entender que se aplica al Señor mismo el título de mensajero del pacto. La NVI refleja este sentido al traducir:

«De pronto vendrá a su templo el Señor a quien vosotros buscáis; vendrá el mensajero del pacto, en quien vosotros os complacéis».

De esta manera, la segunda frase sería una explicación de la primera: viene el Señor (Adonai), y viene como mensajero del pacto. Los versos siguientes favorecen esta interpretación que apuntaría al sentido mesiánico del texto, Dios actuando por medio del Mesías.[32]

¿De qué pacto?, podemos preguntar. En primera instancia podríamos pensar en el pacto sinaítico, del que ellos esperan que cumpla el Señor su parte bendiciéndolos, a pesar de que son negligentes en su función. Pero, si seguimos la línea de pensamiento anterior e identificamos a este segundo mensajero con el Señor, también podría aludir al nuevo pacto.

El Nuevo Testamento clarifica lo que aquí puede quedar en sombras. Juan el Bautista es quien prepara el camino al Señor, y quien viene después de él es el Mesías (Jn 1:15, 27, 30). Del ministerio del Cristo dice Juan: su aventador está en su mano, limpiará su era, recogerá el trigo y quemará la paja (Mt 3:12; Lc 3:17). Como mensajero del pacto, Cristo trae un mensaje de arrepentimiento y buenas nuevas.

2 ¿Y quién podrá soportar el tiempo de su venida?, ¿o quién podrá estar en pie cuando él se manifieste?

(3:2a)

Dios mismo actúa en dos momentos diferentes que se explican en los siguientes versos. Primero, purificando (3:2b-4), después, como juez escatológico (3:5).

---

32. La expresión "ángel/mensajero del Señor" heb. ml'k yhwh, aparece en textos como Jc 6:11ss. y se interpreta como una teofanía del Señor.

Ellos deseaban la venida del Señor, pero según sus propias expectativas. Esperaban tiempos de prosperidad y bendición, liberación de la enfermedad, el pecado y la maldad, fuera la tristeza y la necesidad, adiós para siempre al dolor y la angustia, que ni se mencione el rencor o el odio. Bienvenido el gozo, abrimos los brazos al amor y la paz.

Sin embargo, para que llegue esto último y se produzca el cambio, nuestra vida tiene que estar en orden. Quizás ellos también pensaban, como nosotros, que quienes debían cambiar son los demás. Pero Dios, a través de Malaquías, nos interroga en el corazón, en lo íntimo: ¿Estás realmente preparado para mi venida? Si viene el que todo lo sabe, el que todo lo escudriña, ¿podremos soportar su mirada escrutadora, la que examina no solo las acciones sino las intenciones del corazón? ¿Pasaríamos el examen?

Quienes hemos confiado en Cristo no esperamos condenación (Rm 8:1), y esto nos da paz (Rm 5:1); pero de ninguna manera se elude nuestra responsabilidad y rendición de cuentas al Señor. Sí, rendiremos cuentas (2 Cor 5:10). Y esto no es para vivir nuestra fe desde el miedo, ya que estamos llamados al gozo (Flp 4:4), sino para hacerlo con responsabilidad y reverencia al Señor; este es un gran privilegio que habían olvidado en tiempos de Malaquías. Por eso, en nuestro ministerio, debemos examinarnos preguntándonos: ¿Qué cabría esperar si el Señor viniese ahora?, ¿premio o vergüenza? ¿Vivimos como hijos obedientes con un corazón dispuesto a servir y amar a Dios, humildes; o por el contrario de forma negligente?

En la época que nuestros hijos ya quedaban solos y nosotros pasábamos algunos días fuera de casa, tenían una pregunta que resultaba para ellos muy importante: ¿Cuándo regresaréis? A pesar de que nos amamos entrañablemente, su interés no era tanto contar los días que faltaban para que llegásemos a casa, o una expresión de añoranza por la presencia de sus padres —esto no pasa con unos jóvenes que se quedan de jefes de la casa— como calcular cuando tenían que ponerse en marcha para dejar la casa bien limpia antes de que su madre entrase por la puerta. Me imagino las prisas de última hora y no quiero pensar lo que podría ser para su corazón el decirles que adelantábamos el regreso.

Y nosotros, ¿podríamos correr a abrazar al Señor o más bien agacharíamos la cabeza avergonzados? Que la advertencia nos sirva para mantenernos en pie, no como una actitud orgullosa sino como el que está dispuesto y preparado siendo fiel al Señor (Flp 1:20).

Porque él es como fuego purificador, y como jabón de lavadores. 3 Y se sentará para afinar y limpiar la plata.

(3:2b-3)

La visión egoísta y etnocéntrica que manifestaban en muchas ocasiones los israelitas y que se expresaba en el deseo religioso del cumplimiento de las promesas, choca con la dura advertencia que pronuncia el Señor. Las imágenes que usa: fuego, jabón de lavadores (lejía), purificará, refinará, apuntan a una obra de limpieza necesaria.

La imagen del fuego nos remite a quien Dios es, su santidad y pureza (cf. Éx 19) su grandeza, majestad y trascendencia. A la vez que a lo que él hace: purifica.

El «jabón de lavadores», que limpia la suciedad, nos recuerda el mensaje de Isaías (1:16-18) reclamando del pueblo limpieza y ofertándola por medio del regreso a Dios. Es, en el arrepentimiento y volver a Dios, que se dará un cambio radical produciendo perdón y limpieza. El verdadero arrepentimiento supone un cambio ético (Rm 6) y unas relaciones transformadas dentro de la comunidad del pueblo de Dios.

«Afinar y limpiar». Supone quitar la escoria, lo que merma el valor, lo que contamina. Aquí hace referencia al método de Dios, quien trabaja con lo que aprecia y ama, con el fin de mejorarlo, purificarlo. En el Nuevo Testamento también se usa esta imagen. Así, en Pedro es la prueba de la fe la que purifica (1 P 1:7) e, igualmente, en Santiago (St 1:2-3, 12).

La parte buena viene con el cumplimiento de la obra de Cristo. Por medio de la cruz tenemos limpieza, perdón, purificación (cf. Mt 3:10-12; Ef 1:7). Este hecho fundamental, que transforma nuestra existencia y hace que pasemos de muerte a vida, debe expresarse en lo cotidiano. Al hecho pasado de nuestra salvación en el día que creímos (Hb 9:14), debe sumarse la dimensión presente (Jn 15:2, limpiará; 1 Jn 1:9), en la que la Palabra de Dios y la confesión mantienen nuestra vida limpia ante Dios; y la escatológica, conscientes del regreso del Señor y el disfrute de su presencia sin pecado, como motivación y esperanza para perseverar en el presente. Entender la salvación como una garantía que nos hace irresponsables está muy lejos del mensaje de la Biblia. Muy al contrario, es vivir en el gozo y, a la vez, en la responsabilidad de que nuestra obra será probada por fuego (1 Cor 3:13).

En Malaquías, esta purificación de los levitas es el requisito previo para la aceptación de sus ofrendas. Esta advertencia tiene sus antecedentes en Amós (Am 5:18, 22) quien denuncia una religiosidad vacía y una esperanza en el día del Señor que se trastocará en un momento de juicio para la nación. La elección de Israel como pueblo de Dios no era garantía de salvación para el individuo aparte de la fe. Esta limpieza es una acción personal de Dios que trata con cada uno; aquí, con los levitas en particular como ministros del altar.

Dios mira primero el corazón y luego la ofrenda. Igualmente, una mala ofrenda habla de un mal corazón. Un corazón «perfecto» traerá la ofrenda que honra al Señor, en justicia, adecuada a Dios y que expresa respeto y adoración.

La importancia de la limpieza de la propia vida para ser un instrumento útil en las manos de Dios queda recogida en la exhortación de Pablo a Timoteo (2 Tm 2:21). El poder para el ministerio viene de Dios, es el Espíritu quien nos capacita, nosotros somos canales. ¿Estamos limpios para que fluya su gracia? Debemos preguntarnos si hay manchas u obstáculos que obstruyen el canal, ya sea orgullo, independencia de Dios, pecado, egoísmo, indolencia, indiferencia, como en los días de Malaquías.

La relación diaria con Dios por medio de su Palabra y la oración/confesión, la imitación a Cristo y la apertura a la acción del Espíritu son esenciales. Son cosas conocidas, muchas veces comentadas en nuestros propios sermones. La cuestión es si forman la base de nuestro ministerio, en muchas ocasiones con agendas sobrecargadas que nos hacen olvidar lo más importante (Lc 10:42). Al igual que los zapatos, nuestras vidas deben ser limpiadas con el cepillo de Dios, y luego pulidas para que brillen para él: «los afinará como a oro y como a plata, y traerán a Jehová ofrenda en justicia».

4 Entonces será grata a Jehová la ofrenda de Judá y de Jerusalén, como en los días pasados, como en los años antiguos. (RVR95)

(3:4)

«Entonces», es decir, establecido el requisito que Dios demanda y después que su pueblo haya sido purificado, se darán las condiciones adecuadas para recibir una ofrenda grata. La prioridad del carácter sobre la acción es evidente para Dios, aunque la acción sea necesaria como manifestación lógica del corazón. No se puede amar a Dios y no adorarlo.

«Grata», o aceptable. En el contexto se implica que la purificación afectará la realización de un ministerio llevado a cabo con excelencia, como corresponde al servicio que se tributa a Dios y reconociendo quién es él (Mal 1:11b, 14b).

«Como en los días pasados, como en los años antiguos». Paralelismo hebreo sinónimo para destacar lo particular (días) y lo general (años). No se trata de una añoranza del pasado, como pudiera parecer a primera vista, sino de un deseo de reavivar la verdadera adoración en el presente del profeta. Debemos recordar el pasado y debemos aprender de él, pero no quedarnos instalados en el ayer sino anhelar y buscar el cumplimiento de la voluntad de Dios en el presente (Ecl 7:10). Examinando el Antiguo Testamento notamos que, en algunos casos, la referencia al pasado destaca el tiempo del desierto como un tiempo de noviazgo, sin dioses; pero en otros textos se denuncia clara y duramente el problema del corazón en este mismo período.[33] Por ello, el pasado sirve para aprender de los errores y aciertos, para reencontrar la esencia de la relación con Dios, no para añorarlo; nuestra mirada debe estar dirigida al futuro que nos espera en Cristo.

Vivir el presente con responsabilidad, este es el mensaje de Malaquías. ¿Reaccionamos al mensaje de Dios a través de su Palabra o sus siervos? ¿Recuperamos la pasión por Dios, su honor y su gloria? El pasado no lo podemos repetir, ni estamos llamados a volver a él, más bien, aprendiendo, seguimos avanzando hacia el blanco. Cada generación se enfrenta a sus retos y tiene su contexto. Tan importante es conocer la historia bíblica para no caer en los errores del pasado, como aplicar bien los principios a nuestra situación presente.

5 Y vendré a vosotros para juicio; y seré pronto testigo contra los hechiceros y adúlteros, contra los que juran mentira, y los que defraudan en su salario al jornalero, a la

---

33. Os 2:14; Sal 95:8; Am 5:25-26.

viuda y al huérfano, y los que hacen injusticia al extranjero, no teniendo temor de mí, dice Jehová de los ejércitos.

(3:5)

Si bien el propósito de Dios es purificar a su pueblo para que su adoración sea aceptable, esta disciplina de limpieza y purificación acarrea consigo también el juicio contra los pecadores.

Sin hacer una relación exhaustiva de los pecados, describe diferentes ámbitos de estos. Los hechiceros indican toda práctica de carácter religioso contrario a la Ley, cualquier consulta a mediadores de las religiones paganas. Los adúlteros, toda práctica inmoral, comenzando por la infidelidad matrimonial, pero incluyendo también la infidelidad espiritual, trasgrediendo el pacto con Dios. Los que juran falsamente, es decir, que engañan usando el nombre de Dios. Es usar la religión como coartada para la impiedad. Defraudando al jornalero, pasamos aquí al ámbito económico y de la justicia social. La verdadera piedad va siempre acompañada de la justicia. El patrón cristiano debería ser modelo de salarios dignos con sus trabajadores (St 5:4). Las viudas y huérfanos, los débiles y necesitados, deberían estar protegidos. La Biblia no esconde los problemas ni idealiza la vida, más bien desenmascara el pecado y responde a las situaciones provocadas por este en una sociedad egoísta. El carácter bondadoso de Dios impulsa e inspira las acciones justas que recogen y amparan a los desvalidos, a los indefensos, a quienes están sin protección (Dt 10:18; Sal 146:9), y esto es lo que espera de su pueblo, acciones que expresan su amor (Éx 22:22; Is 1:17; Za 7:10).

Más allá de dar pan, los acoge como personas, los dignifica. Viudas y huérfanos son así símbolo y signo de una sociedad injusta, pero a la que Dios responde con un nuevo proyecto: el pueblo de Dios. Deuteronomio recoge estas demandas como un estribillo que se repite constantemente a fin de no olvidar a los necesitados.[34]

El Nuevo Testamento recoge el guante de este reto como un elemento básico de la práctica del pueblo de Dios. Así, en la iglesia de Jerusalén "no había necesitados" (Hch 4:34-35) y esta atención queda incluida

---

34. Dt 10:18; 14:29; 16:11, 14; 24:17, 19-21; 26:12-13; 27:19.

en la exhortación de Pablo en su despedida de los ancianos de Éfeso (Hch 20:35; cf. Rm 12:13).

La injusticia contra el extranjero también queda denunciada. A pesar de la clara preferencia de Dios por su pueblo como receptor de su gracia, su propósito no queda circunscrito a este. El pueblo debe ser una luz que irradia a otros. Las leyes que Dios dio a Israel eran inclusivas, exhortando a recibir al extranjero que deseaba incorporarse a Israel. Dios mismo es ejemplo de ello al acoger a Rut, la moabita, o a Rahab, la cananita. La puerta de la misericordia está abierta para quienes desean participar de sus bendiciones. Es probable que aquí se esté corrigiendo una actitud xenofóbica debido a las malas relaciones con los vecinos, que habían sido turbulentas desde el regreso de Babilonia, y las necesarias decisiones en tiempo de Nehemías. En todo caso, aprovecharse de los indefensos es la antítesis del evangelio. Tales acciones muestran que no hay temor de Dios, no se actúa de acuerdo con su carácter.

La sociedad que nos envuelve abusa de los débiles e indefensos. En las últimas décadas, una práctica ocasional por parte de algunas compañías y entidades intermediadoras ha sido engañar a los ancianos para hacerles cambios en el contrato de los servicios básicos en el hogar. Habiéndoles prometido rebajas, se encontraban con que les habían cambiado de compañía sin ellos saberlo y, en ocasiones, les habían añadido seguros innecesarios agravando sus escasos recursos.

La falsedad, la injusticia, la insolidaridad, no tienen cabida en la vida de quien quiere seguir el ejemplo de Cristo y desea reflejar el carácter del Padre. La iglesia de Cristo debería mostrar quién es en el cuidado de los débiles, comenzando por los de la familia de la fe.

ORÁCULO 5
Inmutabilidad de Dios vs. inconstancia de Israel (3:6-12)

«Siempre que las riquezas impiden a un hombre pensar en Dios, no son una bendición, sino una maldición».

JOHN BLANCHARD

6 Porque yo Jehová no cambio; por esto, hijos de Jacob, no habéis sido consumidos.

(3:6)

Este verso comienza una nueva sección o como transición entre dos temas, que aborda la cuestión práctica de los compromisos del pacto mosaico, concretamente los diezmos.

La nueva controversia se inicia con la afirmación solemne de Dios que establece un fuerte contraste entre su fidelidad y la inconstancia de Israel. «Yo Jehová no cambio», afirma el Señor. El texto bíblico nos recuerda que Dios es el mismo ayer, hoy y por los siglos (Hb 13:8). Dios no cambia de opinión (Nm 23:19; St 1:17). ¡Qué seguridad y confianza nos provee esta verdad! En un mundo cambiante, inseguro, infiel, Dios no cambia. No se trata de un Dios «inmóvil» o sin sentimientos, aquí habla de su carácter, absolutamente confiable, firme, seguro, como una roca, no sujeto a las veleidades y pasiones humanas, pero sensible en amor a su creación, su pueblo, sus hijos. Este carácter inmutable, que no impasible, es la garantía de que guardará el pacto y sus promesas. El pacto siempre está garantizado del lado de Dios; toca a Israel cumplir su parte.

Esta afirmación es posible conectarla con 2:17, en donde se acusa a Dios de no actuar o de haber cambiado, y con 3:10 en el que Dios invitará al pueblo a comprobar que siempre cumple su parte. Si lo conectamos con el argumento anterior, en el que se ha destacado el juicio y la purificación, Dios, que erradicará el mal, mantendrá también sus promesas, no por la bondad de Israel sino por su propio carácter. La supervivencia de Israel no radica en sus méritos –como se evidencia en la historia–, si así fuese haría siglos que la nación habría desaparecido. Pero Dios, en su misericordia y fidelidad, mantiene siempre un resto fiel para llevar a cabo sus propósitos (Rm 9:27). Si, por otra parte, la relacionamos con el tema que desarrolla posteriormente, los diezmos, apunta a que el problema de la situación presente y las estrecheces que experimentan no está en Dios, quien es fiel, sino en la conducta de su pueblo (3:8). La fidelidad de Dios se muestra tanto en el juicio purificador como en su misericordia restauradora.

Hijos de Jacob. La expresión les recuerda aquí su origen como pueblo (1:2), pero apunta también al carácter de su ancestro, que parece reproducirse en sus hijos. El engañador o usurpador que fue transformado por Dios. El negociante que buscaba un trato ventajoso con Dios. En vivo contraste con este pensamiento mercantilista, el ministerio debe ser algo realizado reconociendo la gracia ya recibida de parte de Dios y por amor a su nombre (2 Cor 5:14). El ministerio demanda nuestra responsabilidad y compromiso, pero siempre se sustenta en la gracia de Dios que nos perdona y capacita, y en su bondad y misericordia (Éx 33:19).

7 Desde los días de vuestros padres os habéis apartado de mis leyes, y no las guardasteis. Volveos a mí, y yo me volveré a vosotros, ha dicho Jehová de los ejércitos. Mas dijisteis: ¿En qué hemos de volvernos?

(3:7)

Al hilo del apelativo «hijos de Jacob», Dios denuncia lo que parece un pecado de carácter congénito de los israelitas: la deslealtad. Dios apela objetivamente a la historia, «desde los días de vuestros padres», para denunciar su infidelidad. Examinada la historia se convierte esta en un árbitro inapelable de la realidad que ha marcado el devenir del pueblo de Dios desde sus inicios.

La lista es tan variada y numerosa que podría resultar abrumadora. Solo como botón de muestra algunos hechos: resistencia a Moisés antes y durante el éxodo, murmuración contra Dios, querer volver a Egipto, no entrar en la tierra, idolatría, fornicación, y podemos seguir con Coré, Horma, el tiempo de los jueces, los reyes impíos que superaron en número a los piadosos, la sordera espiritual ante los verdaderos profetas y que les condujo al exilio. Dios no cita, como en otros casos, estas innumerables incidencias en la relación de pacto, la historia es suficiente.

De nuevo, aquí el paralelismo hebreo sirve para poner el énfasis en su rebeldía: os habéis apartado de mis leyes y no las habéis guardado. Consciente y voluntariamente, Israel ha quebrantado la instrucción de Dios y, en consecuencia, se han alejado de él, rompen el pacto, como el hijo pródigo que abandona la casa paterna para hacer su propia vida, pensando que le irá mejor. En ambos casos, tanto para Israel como para el hijo, cada paso que les aleja de Dios les acerca más al declive espiritual y moral que acabará en derrota.

Dios muestra su disposición a la restauración del pacto. Como en otros textos proféticos (Is 55:7, «deje el impío su camino…»), Dios hace una invitación personal a la vez que comunitaria. Aquí trata con todo el pueblo y requiere una respuesta consciente. Implica el reconocimiento de la culpa propia, sin excusas sobre lo que otros hacen, enfrentando nuestra responsabilidad, reconociendo nuestro fracaso. Este es el camino del perdón, la restauración y la libertad (Lc 15:18).

Dios nunca está lejos de nosotros, pero, en ocasiones, nuestro corazón sí puede estar lejos de él. Es nuestra responsabilidad responder a su llamado: «¡Volveos a mí!».

Reflexionando sobre el ministerio, es necesario reconocer y recordar que estar en el ministerio no es lo mismo que estar cerca de Dios. Ser creyente y asistir a la iglesia no es signo de una espiritualidad sana, lo contrario sí es cierto. Para cada cristiano y para cada ministerio, lo primero es estar en comunión con Dios. El ocuparnos de las cosas espirituales no trae santidad. La santidad en la presencia de Dios sí trae servicio.[35] «¡Volveos a mí!».

La reacción del pueblo de Dios es sorprendente pero más habitual de lo que parece: negar la mayor, rechazar de raíz la afirmación de Dios. Con ello evidencia su torpeza espiritual y su incapacidad de reconocer sus propios errores y pecados. ¿Que nos hemos equivocado?, ¿en qué?; ¿que hemos de arrepentirnos?, ¿de qué? Con los hombros encogidos, los ojos abiertos y cara de sorpresa, piensan, ¿de qué está hablando? Ofrecemos sacrificios, estamos aquí en Jerusalén, no como otros que se quedaron en Babilonia, vamos, ¡que le estaban haciendo un favor a Dios!

Con su actitud están cuestionando y poniendo en entredicho a Dios. Piensan, sí, algo no funciona bien, pero nosotros no somos los culpables.

La falta de un autoexamen honesto no fue un problema únicamente en tiempos de Malaquías. Años después, el judaísmo, volvía a negar la realidad respondiendo a Jesús: «jamás hemos sido esclavos de nadie» (Jn 8:33) ¡Qué arrogancia! Cuatrocientos años en Egipto no bastaron para reconocer su historia, y después con los asirios, babilonios y persas.

El reconocimiento de nuestra situación real es el paso previo necesario para la restauración. ¿Nos hemos apartado de Dios? ¿Cuál es nuestra historia con él? ¿Le hemos fallado?

El texto encierra una promesa firme de Dios: «me volveré a vosotros». Esta promesa nos habla de su deseo de bendecirnos, protegernos, mostrarnos su amor. Todo con una sola condición: «¡volveos a mí!».

Como iglesia, ¿es él el fundamento de nuestra vida y ministerio? ¿Andamos por nuestra propia cuenta o caminamos a la luz de la Palabra de Dios? Cuando predicamos, ¿exponemos la Palabra de Dios o aderezamos

---

35. Asunto que trató unas décadas antes Hag 2:14-15. De la presencia de Dios surge el verdadero servicio (cf. Is 6).

nuestras propias ideas con algunos textos que las justifican? Quien piensa que no tiene nada que cambiar es que no se ha enfrentado con la Palabra de Dios con sinceridad y detenimiento.

8 ¿Robará el hombre a Dios? Pues vosotros me habéis robado. Y dijisteis: ¿En qué te hemos robado? En vuestros diezmos y ofrendas.

(3:8) Los diezmos

Después de la solemne advertencia quizás nos sorprenda la cuestión que Dios plantea: «Me habéis robado... en vuestros diezmos». Dos interrogantes surgen que debemos enfrentar. Primero, ¿le puede robar el hombre a Dios? ¿Acaso no es Dios? Y un segundo asunto, ¿acaso el tema económico es de tal importancia que Dios lo introduce de una manera tan grave y solemne?

En cuanto al primer asunto entendemos que se trata de un antropomorfismo, una manera sencilla de hablar usando terminología humana, ya que «de Jehová es la tierra y su plenitud; el mundo, y los que en él habitan» (Sal 24:1; 89:11). La imagen trae a nuestras mentes la importancia de la acción de no dar o no entregar a Dios lo que por ley le pertenece. Robar no es solo quitar, es no ofrecer a Dios lo que le corresponde.

En cuanto al segundo asunto planteado, podemos responder que la cuestión económica es un tema capital y que lo es también para nosotros, lo reconozcamos o no. Tomamos decisiones sobre el trabajo, nuestro lugar de residencia, adquisiciones, el futuro, si es tiempo o no de aumentar la familia, basadas en las cuestiones económicas. Por otra parte, las cuestiones económicas tienen mucho que ver con la justicia según manifiestan repetidamente los textos del Antiguo Testamento cuando denuncian el enriquecimiento injusto y la desatención y opresión de los débiles representados especialmente por los huérfanos y las viudas.**

En el Antiguo Testamento, los diezmos y ofrendas estaban normadas por la ley. No eran una «necesidad» de Dios. Él no necesita de nosotros, pero son la forma en que se expresaba la gratitud y adoración

---

** La lista de textos sería extensa basta mencionar como ejemplo: Éx 22:21; Dt 10:18; Is 1:17, 23; Jr 7:6; Za 7:10; Mal 3:5).

a Dios. Dentro del pacto establecido en el Sinaí, el diezmo se dedicaba a Dios (Lv 27:30-32). También los levitas daban el diezmo de lo recibido (Nm 18:26). Mediante los diezmos se expresaba la adoración y gratitud a Dios (Dt 12:17; 14:23), se suplían las necesidades del culto y de los levitas encargados del mismo (Nm 18:21, 24), y de los más pobres (Dt 14:28-29). De esta manera, los diezmos formaban parte de una sabia administración que cubría las necesidades tanto del ministerio en el tabernáculo y posteriormente en el templo, como en la atención de los necesitados. Era una forma de agradecer a Dios sus dones y de mantener las prioridades en el lugar adecuado. El diezmo aparece antes de la Ley mosaica (Hb 7:9), cuando Abraham entregó los diezmos a Melquisedec.

En los tiempos de Malaquías, parte de la crisis provenía de la escasez de recursos, y lo primero que se dejaba de hacer era abandonar el compromiso mayor, con Dios. Esto produjo un hastío que se retroalimentaba entre un ministerio cansado e indolente y un pueblo desanimado. Hageo ya había establecido la prioridad de los asuntos del reino unas décadas antes (Hg 1:9), pero esto parecía haberse olvidado de nuevo. En el Nuevo Testamento, Jesús confronta la importancia del enfoque correcto respecto a las riquezas (Lc 16:13 y par. lit. *Mammon*[36]). Lo hace contraponiendo el servicio a Dios y a las riquezas como opciones excluyentes. Podemos y debemos administrar los bienes y recursos que Dios nos da, pero no convertirnos en sus servidores. La referencia legal del diezmo queda superada en el Nuevo Testamento por la gracia. Aunque puede valer como una referencia sobre cómo estamos ofrendando, el llamado es a dar de corazón. La ofrenda es un acto de adoración que muestra la prioridad de nuestro ser. Un ejemplo importante es la viuda muy pobre que entregó dos blancas, aunque era una cantidad ínfima en lo económico significaba todo lo que tenía para ella (Lc 21:2-4).

Las iglesias de Macedonia son un ejemplo comunitario de lo que hizo aquella viuda. Estas dieron generosamente para los pobres de Jerusalén aunque ellos mismos estaban en una situación de «profunda pobreza» (2 Cor 8:1-5), dándonos la clave de esta actitud desprendida: primero se dieron a sí mismos al Señor. La pobreza en el ministerio y en la ofrenda proviene de la pobreza del corazón. Igualmente, la generosidad en el

---

36. Mammon. Las riquezas, del arameo mammon, riquezas, bienes en los que uno confía en sentido negativo, idolátrico.

servicio y la ofrenda proviene de un corazón transformado y de la entrega completa a Dios.

Las ofrendas deben ahora también valer para el sostenimiento de los que sirven en el ministerio: «el obrero es digno de su salario» (Lc 10:7; 1 Tm 5:18). La disposición al servicio y la entrega sin búsqueda de riquezas o posición no es excusa para que se den salarios mezquinos a los obreros que son fieles en su cometido. En general, creo que debemos reconocer que la ofrenda resulta, en muchos casos, lo más oneroso o gravoso. Estamos dispuestos a entregar nuestro tiempo o esfuerzo pero es más difícil desprendernos de «nuestro» dinero. El dinero nos da capacidad de adquisición, sensación de poder. Pero es un dios que deja cautivos a quienes se quieren servir de él, nunca es suficiente.

Algunos conceptos también deben ser confrontados respecto al dinero. Lo consideramos «nuestro» adquirido con nuestro esfuerzo o, incluso, sacrificio, y no producto de la generosidad de Dios que nos ha dado la oportunidad de estudiar, forjar una carrera, el trabajo, la salud… y el sueldo. Sin desmerecer el esfuerzo propio y la responsabilidad de una sabia administración, todo lo que tenemos viene de Dios y a él pertenece. Nosotros somos solo administradores.

9 Malditos sois con maldición, porque vosotros, la nación toda, me habéis robado.

(3:9) Bajo maldición

El «Dios de toda gracia», ¿maldice? Un axioma hermenéutico afirma que «un texto fuera de su contexto es un pretexto». Así debemos considerar tanto las palabras como su significado en el contexto en el que se expresan.

En las Escrituras, de principio a fin, se presenta el propósito y deseo de Dios de bendecir. La primera vez que aparece el verbo bendecir (hebreo *brk*) en la Biblia se encuentra en la creación (Gn 1:22) y se repite específicamente en la crcación del ser humano (Gn 1:28). El gran problema (Gn 3) se plantea cuando se introduce el pecado en la esfera humana y, peor, en el corazón humano. Si el ser humano fue creado para estar bajo la bendición de Dios, el pecado nos sitúa fuera de esta esfera. Lo que pretendió ser un acto de liberación e independencia se convirtió en un paso a la esclavitud y la maldición: la esclavitud a los propios deseos (el orgullo, el egoísmo) y los ajenos (la opresión, tiranía y la violencia).

En este contexto de pecado, Dios escoge un pueblo para ser bendecido y bendecir a otros, recuperando el propósito original de Dios (Gn 12:2). Bendecidos para bendecir. Este fue nuestro lema durante un viaje misionera a Guatemala. Ser canales de Dios para bendición de otras personas. Es como si Dios abriese un paraguas de bendición, que sirve de refugio en medio de un mundo caído, para aquellos que creen. Puedes estar debajo o fuera, ¡pero fuera llueve y no agua precisamente! Aquí, en este verso, Israel se sitúa fuera del paraguas por su desobediencia a la Ley, el espacio de vida que Dios había dado a su pueblo y, por tanto, queda fuera del paraguas experimentando maldición.

Deuteronomio desarrolla este concepto más ampliamente bajo el marco del pacto mosaico, al modo de los tratados antiguos de vasallaje. La obediencia conllevaba la bendición: el cuidado y protección de Dios; la desobediencia traía la maldición, el juicio por trasgredir el pacto. Dios deja abierta la puerta al arrepentimiento, que posibilita la reconciliación y la renovación del pacto (Dt 27–30), pero para ello Israel debe volver a Dios de corazón y seguir sus mandamientos. Dios requiere un cambio de actitud, reconocer el pecado, y un cambio de conducta, abandonar el pecado.

Israel, con el abandono de los diezmos, ponía de manifiesto una relación deficitaria, en bancarrota. Olvidaba la bondad de Dios al hacerlo su pueblo, y el amor de Dios, su providencia durante siglos guardando un remanente en medio de la crisis y desobediencia, pero ellos respondían con ingratitud. Por ello, lo que hasta aquí había sido una denuncia principalmente hacia los sacerdotes, los líderes religiosos, ahora se vuelve sobre toda la comunidad, «la nación toda», en la que se ha desarrollado una cultura de fraude y disimulo en la que todos participan, sin que nadie levantase la voz –aunque veremos una excepción más adelante– para denunciar el mal.

La transformación de una comunidad comienza por sus ciudadanos y leyes justas que se ajusten a derecho. El cambio puede ser progresivo y doloroso, sobre todo para los que buscan la justicia y la viven con pérdidas personales y económicas, pero es el camino hacia el cambio.

¿Robamos nosotros a Dios? ¿Qué le dedicamos de todo lo que nos da? Quizás debamos pararnos a pensar en cómo Dios nos cuida y provee. En muchas ocasiones solo nos damos cuenta de lo que tenemos cuando, por cualquier causa, lo perdemos: salud, trabajo, comida, vestido, comodidades..., ¡aun el agua que sale del grifo! Vivimos como si todo fuesen derechos y, quizás, solo digo quizás, estamos en peligro de perder el sentido de gratitud. Cuando este es claro, nuestra entrega a Dios y nuestra ofrenda son un gran privilegio que nos gozamos en practicar.

10 Traed todos los diezmos al alfolí y haya alimento en mi casa; y probadme ahora en esto, dice Jehová de los ejércitos, si no os abriré las ventanas de los cielos, y derramaré sobre vosotros bendición hasta que sobreabunde. 11 Reprenderé también por vosotros al devorador, y no os destruirá el fruto de la tierra, ni vuestra vid en el campo será estéril, dice Jehová de los ejércitos.

(3:10-11) Probadme, dice el Señor

La propuesta de Dios presenta tres elementos que cambiarán completamente la situación:

1. *La acción de traer los diezmos.* Si hasta ahora han estado marcados por la negligencia, ahora el Señor demanda que sean obedientes. Sobre este asunto Dios había revelado claramente sus demandas a Israel; no tocaba esperar nada, solo el actuar del corazón obediente. Dios no está tan interesado en los diezmos, ¿acaso los necesita?, sino en que se lleve a cabo su voluntad. Ya se ha subrayado que este aspecto material es muy relevante porque indica dónde está realmente nuestro interés (Flp 3:19). Dice el refranero que «las palabras se las lleva el viento» y que «obras son amores y no buenas razones». Para clarificar esta enseñanza, Jesús presenta una parábola con un mensaje diáfano (Mt 21:28-32): se trata de «hacer». Era responsabilidad del pueblo atender las necesidades del culto por medio de los diezmos y ofrendas. Esta parte de los diezmos no era de administración propia, sino de parte de los sacerdotes. Era una porción separada para Dios, santa, que expresaba el reconocimiento de que

todo bien procedía de él. Sin duda, una parte del problema con los sacerdotes tenía que ver con la escasez de recursos para sus vidas y sus ministerios.

La responsabilidad del sostenimiento del ministerio sigue estando de parte de la iglesia. El obrero es digno de su salario (1 Tm 5:18), no dice solo «una ofrenda», o «una ayuda». Dios desecha tanto la actitud de enriquecimiento en el ministerio por parte del obrero –los profetas denuncian cualquier actitud de enriquecimiento o preferencia–, como la tacañería en el sostenimiento por parte de la iglesia. Debe ser un sostenimiento digno que cubra las necesidades familiares y ministeriales. La actitud megalómana de algunos, la infidelidad de otros, no debe empañar el trabajo de la mayoría y la responsabilidad de la iglesia al respecto.

2. *Probadme.* Llama a un cambio de mentalidad respecto a Dios. Hasta aquí, la forma de pensar que subyace en tiempos de Malaquías es que la causa del problema es Dios. Dios no cumple, ellos sí. Dios «le da la vuelta a la tortilla» afirmando: «Yo soy fiel, no soy yo el problema, el problema está en vosotros, en vuestra forma de pensar y en vuestra actitud. Probadme».

Es como si Dios dijese, humanamente hablando, estoy completamente seguro de quién soy, de mi fidelidad y del cumplimiento de mi parte. La «prueba» no surge de la duda de cuál pueda ser la respuesta de Dios sino como demostración de una verdad. Nos recuerda la prueba de Jesús en el desierto al principio de su ministerio, no para examinar su validez desde la duda o la posibilidad, sino para demostrar su idoneidad para la obra que había venido a realizar.

3. *La respuesta esperada: una bendición que sobreabunde.* Lluvia, fertilidad, bendición, protección, eran la parte del compromiso de Dios con su pueblo. Dios hace su parte, si ellos hacen la suya. Este era el formato condicional del pacto mosaico que Dios había establecido con Israel. La elección había sido por gracia, la bendición dependía de la obediencia.

En el Nuevo Testamento, mientras la salvación sigue siendo por pura gracia, el proceso de crecimiento, santificación y bendición depende de la obediencia. El texto de Malaquías no propone una prosperidad entendida como «tener mucho» o tener «todo lo que deseo». Más bien, como nos enseña 2 Corintios 9:8, nos llama a conformarnos con tener lo suficiente, al contentamiento con lo que Dios nos da. Olvida el sueño americano, no es el sueño de Dios. Ahora bien, Dios nunca es tacaño en sus bendiciones para abundar en toda buena obra.

(3:11) Los devoradores de la bendición

La imagen de este verso es, a la vez, terrible y alentadora. Terrible porque habla de los enemigos que amenazaban a los israelitas con la escasez, penuria, los platos vacíos en la mesa, el hambre en los ojos de los hijos, la desesperación del trabajo y el esfuerzo improductivo, del vergel convertido en desierto.

La alusión a las plagas (cf. Jl 1) sin duda causaría espanto. Estas eran una amenaza real, experimentada a lo largo de la historia. Las plagas liberadoras del éxodo se habían convertido en plagas de juicio por la rebelión de Israel (Cf. Dt 28:16, 17, 18, 22, 24, 30, 33, 38, 40, 42). La razón que aduce Deuteronomio es la ausencia de un servicio gozoso a Dios. Esta experiencia de frustración se había vivido en tiempos de Hageo (Hag 1:6). Todo el trabajo resultaba inútil, todo el jornal caía en «saco roto». Y Dios quiere cambiar esto. Dios desea derramar bendición sobreabundante (Mal 3:10c).

Dios afirma que si su pueblo se vuelve a él de corazón, sinceramente, y lo muestra con sus acciones, él responderá. Traerá protección (reprenderé al devorador) y traerá sanidad (sin esterilidad). Dios actúa a nuestro favor cuando le «dejamos», cuando nos ponemos bajo sus alas y protección.

Podemos preguntarnos nosotros, ¿cuáles son los destructores de la bendición en nuestra vida? ¿Qué cierra las puertas a la bendición de Dios? Cuando somos rebeldes a su voluntad, o cuando somos infieles en nuestros compromisos familiares y ministeriales. Cuando nos alejamos de Dios, o cuando damos lugar al cinismo e incredulidad. Cuando prometemos y no cumplimos, o cuando nuestra fe es cosa de domingos.

El fruto de la obediencia es bendición, no riquezas. Bendición sobreabundante y la confianza de que nuestras necesidades están en las manos de Dios. No afirmamos que cada problema sea consecuencia del pecado, esto lo deja claro el libro de Job, pero sí que cuando hay pecado se frena la bendición. Por ello, debemos examinarnos y, si es el caso, arrepentirnos. La actitud rebelde «cierra el cielo», pero volvernos a Dios «abre las ventanas». Como anunció Amós: «Buscadme y viviréis» (Am 5:4).

12 Y todas las naciones os dirán bienaventurados; porque seréis tierra deseable, dice Jehová de los ejércitos.

(3:12) La promesa y bendición

El resultado de la obediencia al mandamiento no solo trae bendiciones personales y nacionales, sobre todo se convierte en un testimonio al mundo. Este era el propósito de Dios con Israel. La bendición que pronuncian las naciones es un reconocimiento de la acción y la presencia de Dios en medio de su pueblo. El lenguaje hiperbólico indica la abundancia de la bendición de Dios que produce esta reacción. Esto concuerda con el propósito de Dios con Israel, construir una nación que le honre y sea una luz, un faro que oriente e indique la presencia de Dios entre los hombres, que atraiga hacia él a las naciones. Israel no es un fin en sí mismo, es el medio bendecido en el que Dios expresa su buena voluntad para con los hombres.

En Deuteronomio se recuerda este plan a Israel antes de entrar en la tierra prometida. Este debería ser el propósito grabado en sus corazones y que causaría admiración en otros pueblos (Dt 4:6), al mostrarse como un pueblo santo y especial (Dt 7:6). El requisito constante y la advertencia solemne para ello es que Israel no debe olvidarse de Dios (Dt 6:12; 8:2, 11). Tal situación produce admiración, y el deseo y anhelo positivo de conocer lo que está pasando en esa «tierra deseable».

El testimonio cuando el pueblo de Dios no olvida al Señor y guarda sus mandamientos se refleja en la experiencia de Salomón y la visita de la reina de Sabá (2 Cr 9:7-8).

Igualmente sucedió en la primera iglesia, cuando su vida era un testimonio que producía temor por la presencia de Dios en medio de ella. Una iglesia que no vive para sí, sino para la misión de Dios, dándolo a conocer, viviendo y anunciando el evangelio de la gracia que nos ha dado la mayor bendición. Reflexionemos sobre esto: ¿Para quién vivimos nosotros? ¿Cómo se muestra que es verdad?

ORÁCULO 6
Justicia de Dios vs. violencia de Israel (3:13–4:3)

«Mis ojos pondré en los fieles de la tierra, para que estén conmigo».

SAL 101:6

El tema del mal y la injusticia ya apareció en (2:17; 3:5). El asunto se aborda de nuevo en 3:13–4:3, en este caso desde el valor del servicio en un mundo injusto, recordando la confesión del salmista (Sal 73).

13 Vuestras palabras contra mí han sido violentas, dice Jehová. Y dijisteis: ¿Qué hemos hablado contra ti?

(3:13) Palabras violentas

Una nueva cuestión se presenta ante nosotros, esta vez en el ámbito de la reflexión.

Las palabras no tienen que ver con insultos o vejaciones explícitas, sino con la expresión de una forma de pensar que, pareciendo al principio un tanto inocua, se descubre después como un torpedo bajo la línea de flotación de un barco. Una forma de pensar que socaba la fe al presentar un concepto de Dios que es la antítesis de su persona y menoscaba su honra.

No se trata aquí de las sinceras preguntas y dudas de Habacuc, o de los interrogantes que sacuden a Job o al salmista, al contrario, está cargada de un duro cinismo que participa de la incredulidad y del desapego a Dios.[37]

Mientras la Biblia nos insta y anima a la reflexión, a la confesión sincera, incluso al diálogo abierto sobre nuestras dudas o temores, nuestras incomprensiones y luchas, también nos advierte sobre no confundir la sinceridad con la arrogancia humana, que nos coloca como jueces de Dios, o el cinismo que pretende burlarse.

Aunque suene ridículo, podemos intentar ofender o atacar a Dios con nuestras palabras, como la persona herida o despechada que murmura contra Dios, inconsciente de que así se cierra la puerta a la única alternativa que puede realmente curarle.

La afirmación de Dios, que debería producir santo y sano temor, provoca la manifestación del orgulloso corazón, que exige mayor explicación: «¿qué hemos hablado contra ti?». La falta de verdadera reflexión y sinceridad busca la respuesta fácil, el rebote devolviendo la pregunta, como diciendo: «demuéstralo, dime en qué, aporta pruebas». Y ello es a pesar de que cuando se anda como el texto describe, nuestro corazón debe ser muy consciente del problema. Son preguntas escudo, que quieren evitar el reconocimiento del hecho, la confesión y el arrepentimiento. Un sistema de defensa carnal que debemos desactivar en nuestra vida. Más bien debemos, como dice el salmista (Sal 139:23), invitar a Dios a que comparta su examen con nosotros, que realice el diagnóstico correcto. Así, aunque sea duro, traerá también el remedio.

Cabe preguntarnos si estas palabras se expresaban de manera pública. Cuando leemos los versos siguientes es difícil suponer que se pronunciarían en voz alta, ya que en público no somos tan atrevidos y tenemos las respuestas correctas. Más bien parecen reflejar el pensamiento en el corazón o la conversación en el círculo íntimo. Pero, sobre todo, son la actitud

---

37. Hab 1:2-3, 12-13; Sal 73:17; Job 9:2-3, 14-16; 13:3, 13.

que se demostraba en su conducta diaria, en la forma en que se realizaba la adoración a Dios, que daba como fruto la negligencia en las ofrendas.

¿Con qué actitud enfrentas tu ministerio? Quizás lo enfrentas por la obligación más que por la devoción, con cansancio más que con gozo, con desilusión más que con pasión… Síntomas, todo ello, de un problema interno. Si Dios te expresase verbalmente lo que piensa de tu ministerio, ¿qué crees que diría?

14 Habéis dicho: Por demás es servir a Dios. ¿Qué aprovecha que guardemos su ley, y que andemos afligidos en presencia de Jehová de los ejércitos? 15 Decimos, pues, ahora: Bienaventurados son los soberbios, y los que hacen impiedad no solo son prosperados, sino que tentaron a Dios y escaparon.

(3:14-15) Expectativas no cumplidas

Aquí se descubre gran parte del problema que el libro ha estado tratando. Las cuestiones de, ¿por qué estás en el ministerio? ¿Qué esperabas del ministerio? ¿Qué esperabas de Dios? Descubren motivaciones e intereses egoístas. No es que el siervo no sea digno de su paga o recompensa, sino de cuál es la motivación.

La actitud de queja no solo daña el propio ministerio, contagia a los demás. La falta de vocaciones al ministerio, ¿no tendrá en parte que ver con las actitudes de los que sirven a Dios? El cansancio, la crítica, la hipocresía, el egoísmo, no alimentan nuevas vocaciones. De la misma manera, cuando hay gozo en el Señor, pasión por servirle, aunque sea en dificultades, despierta el interés y la motivación en otros.

Dios desvela el contenido del corazón de sus siervos: el servicio no vale la pena; desvela su comprensión: de qué aprovecha; desvela sus argumentos: los soberbios son felices.

Estos dos versos forman la respuesta argumentada contra la afirmación de Dios. A pesar de defenderse con escapatorias, dicen: «¿qué hemos hablado contra ti?». Las pruebas que aporta son concluyentes. El proceso de presentación comienza con la conclusión a la que han llegado, y que muestra y da razón de su actitud negligente; continúa con sus argumentos, basados en el beneficio; y finaliza con su experiencia, que mira lo transitorio y material.

En el fondo, lo que juega un papel preponderante es su imagen o concepto de Dios. Esto se ha destacado desde el principio: «por demás es servir a Dios», y al final: «tentaron a Dios y escaparon». En otras palabras, para ellos Dios está inactivo: «¡Es igual lo que hagas! No pasa nada, el resultado es el mismo: los soberbios e impíos ganan».

Este cinismo explica su conducta anterior. Ante una visión tan negativa no es de extrañar su actitud en el ministerio. Los que debían interpretar la experiencia a la luz de la Palabra y dar una seria advertencia para corregir el mal, invierten los términos y juzgan a Dios y su Ley a la luz de la experiencia inmediata, concluyendo que todo da igual.

En el fondo, hay una actitud mercantilista del ministerio. No es que no podamos trabajar con expectativa de resultados y bendiciones, pero aquí, para ellos, esto era el todo, y, además, los resultados se evalúan en términos de poder y prosperidad.

La ecuación obediencia-bendición, no es algo que se vea en lo inmediato, de ahí la demanda de fidelidad y perseverancia. El salmista también vio prosperar a los malos, reconoce que no lo entendía y estuvo a punto de sucumbir a la tentación de seguir el camino de estos «hasta que entró en el santuario de Dios» (Sal 73:17). Hay cosas que no entendemos y solo podemos abandonarnos en los brazos de Dios, en su glorioso amor, su sabiduría.

La conducta que describen define la piedad: guardar la Ley, afligidos en presencia del Señor. La obediencia a la Palabra es la primera expresión de adoración, es mostrar a Dios respeto y reverencia, reconocer su grandeza, soberanía, amor y misericordia. La aflicción ante Dios expresa el arrepentimiento que reconoce los propios errores, las faltas y pecados.

Sin embargo, en realidad, ellos pensaban: ¿de qué hay que arrepentirse si a los que son peores que nosotros les va mejor? Cerraban de esta manera la puerta a la restauración, e imitaban, inconscientemente, el camino de los orgullosos. No era cuestión de ritos externos, sino de comprensión interna. El autor a los Hebreos nos recuerda que el oír o conocer no sirve si no va acompañado de la fe (Hb 4:2), una fe que penetra y entiende el corazón de Dios.

El problema del mal (3:15) reflota en el argumento (cf. 2:17) como excusa para la propia irresponsabilidad. Enfoca la mirada en los otros, olvida las propias responsabilidades. Se defienden acusando a Dios, y no pasa nada. Dios no actúa, no cumple con lo que dijo.

El concepto que tenemos de Dios es clave para el desarrollo del ministerio. Igualmente, el comprender el tiempo de la actuación de Dios. Nos resulta fácil demandar la acción punitiva de Dios cuando tiene que juzgar a otros, pero bien apelamos a su misericordia cuando los que fallamos somos nosotros.

Más que juzgar a los oyentes de Malaquías debemos preguntarnos por nuestras propias motivaciones en el ministerio. ¿Consideramos que Dios es fiel con nosotros o somos tentados a abandonar al ver cómo les va mejor a otros que quizás actúan con menos escrúpulos? Tenemos la tendencia a ser reactivos, a realizar las cosas en respuesta a como otros obran con nosotros, pero Dios nos invita a ser proactivos, ¡servimos a Dios por convicción! No le servimos por cómo nos tratan, por lo que podamos sacar del ministerio o los aplausos que recibamos.

Un autoexamen será oportuno para responder algunas cuestiones como: ¿qué te desanima en el ministerio? ¿Quién es el culpable? ¿Cómo reaccionas? ¿Qué sientes? Sin ignorar las luchas, dificultades y trabas que nos encontramos en el servicio a Dios, al final siempre debemos recordar que a quien servimos es al Señor mismo (Col 3:24).

16 Entonces los que temían a Jehová hablaron cada uno a su compañero; y Jehová escuchó y oyó, y fue escrito libro de memoria delante de él para los que temen a Jehová, y para los que piensan en su nombre.

(3:16) La reacción de los justos

Dios escucha toda conversación, tanto las de los infieles y desafectados (3:13), como las de los justos y temerosos de Dios (3:16).

Podríamos decir que el diálogo interno siempre se produce, tomamos conciencia de las cosas, interpretamos las situaciones, llegamos a nuestras conclusiones y nos conduce a determinadas actitudes y acciones. El proceso interno tiene un papel preponderante puesto que, de la abundancia del corazón habla la boca, dice Jesús (Lc 6:45).

No se trata de que tengamos una máscara religiosa que use un lenguaje políticamente correcto, sino de un corazón que conozca y ame a Dios, que se apegue a él y encuentre en él las razones para la vida y el ministerio. Tampoco podemos olvidar quién es Dios y sus obras, especialmente la redención. Cuando olvidamos el evangelio en nuestras vidas es fácil caer en el cuestionamiento de la persona y el carácter de Dios, marcados por las circunstancias, dificultades o intereses personales. Esto es lo que le sucedió a Israel en el desierto, olvidaron la salvación y aun querían regresar a Egipto pensando en ollas y puerros (Éx 16:3; Nm 11:5) con una actitud egoísta y de profunda ingratitud. Muy al contrario, debemos mantener una visión amplia, una perspectiva global del Reino de Dios y de nuestro servicio en este Reino. De otra manera, desapegados de Dios, nos convertimos en meros funcionarios y nos desconocemos a nosotros mismos como siervos del Dios Altísimo.

He aquí la clave por la que algunos en los primeros siglos entregaban gozosos su vida a Cristo y por la que hoy, especialmente en el mundo occidental, aparecen quienes miran el ministerio desde una actitud de interés personal, pensando alcanzar la gloria y prosperidad.

No pretendo minimizar aquellas situaciones de sufrimiento, en cualquier contexto, cuando el dolor, la enfermedad o cualquier otro mal nos afecta en lo profundo. Hay dolor, y es probable que preguntas sin respuesta, pero también una confianza que traspasa las circunstancias. Así tenemos ejemplos de perseverancia en medio del sufrimiento, como jóvenes que enfrentan un proceso de quimio con confianza, el desempleo, o personas con un «covid persistente» y que son ejemplo de fe en Dios y de constancia. Que dan ánimo cuando vas a animarlos.

El diálogo de los que «temían a Jehová» no se describe a diferencia del anterior (3:14), no sabemos lo que dicen o piensan, pero, de forma evidente, se supone en una línea radicalmente diferente. Podemos imaginar la situación de crisis y los comentarios de unos y otros: unos desalentadores, los otros confiados a pesar de las circunstancias; unos enfocados en el beneficio y la situación propia, los otros con una perspectiva más amplia; unos pensando en sus derechos dañados, otros pensando en el amor de Dios hacia su pueblo infiel; unos desanimados, los otros apoyados en la fe y las promesas. Para ninguno es fácil, todos vivían bajo las mismas circunstancias, lo que cambia es su enfoque del problema, su perspectiva de Dios y, consecuentemente, del ministerio.

La Biblia nunca minimiza o frivoliza sobre los problemas reales, no los trata como inexistentes, sino que nos ofrece una perspectiva más amplia del momento, de la historia y del propósito de Dios que nos trasciende y del que nos permite que formemos parte. El joven José atravesó por diversas circunstancias que golpearon su vida y su fe, pero se mantuvo firme, porque Dios estaba con él. Esta referencia fue el sustento de sus años viviendo bajo la injusticia (Gn 39:2, 21).

El temor del Señor no es, por tanto, un miedo que nos aleja, sino un alto concepto de su persona que produce reverencia y confianza. Confianza en que obra para bien (Rm 8:28), confianza en que sus promesas se cumplirán (2 Cor 1:20), confianza en el sentido y propósito, aun del sufrimiento al que ahora no encontramos sentido.

Sin embargo, el verso también nos habla de la importancia del estímulo comunitario, «hablaron entre sí» (RVR95). La confianza en el Dios de toda gracia se conjuga con el diálogo que refuerza la fe y la esperanza. Y Dios oye, y toma nota. La fidelidad no cae en saco roto, como las lágrimas del justo son recogidas en la redoma (Sal 56:8). El rey eterno toma nota. Recuerda para recompensar (Mal 3:16; 4:2). Nos recuerda otra historia, la de Mardoqueo (Est 6:1), cuya acción fue registrada en los anales persas. ¡Cuánto más no hará el Señor con sus hijos!

En nuestro servicio al Señor, ¿honramos a Dios con nuestras palabras? ¿Somos caudal de ánimo o de desánimo?

17 Y serán para mí especial tesoro, ha dicho Jehová de los ejércitos, en el día en que yo actúe; y los perdonaré, como el hombre que perdona a su hijo que le sirve.

(3:17) La consideración de Dios

El texto se refiere a los que acaba de mencionar, los que honran a Dios con sus palabras. En una imagen familiar, los que reverencian al padre con sus vidas, acciones y palabras, estos son su especial tesoro.

No hay duda de que el amor y la misericordia de Dios son características especiales de su persona, y que benefician a todos, sobre buenos y malos sale el sol (Mt 5:45), pero aquellos que son fieles tienen un lugar especial en el corazón de Dios. Son, podríamos llamar, «hijos favoritos», no desde la discriminación o la acepción de personas, sino desde la complacencia de Dios en sus vidas, como reflejo de su propio carácter, su imagen más precisa.

Son especial tesoro como pueblo perteneciente a su pacto (Éx 19:5), es decir, de su propiedad. La palabra para «tesoro» en hebreo es *segulah*. Apunta a su posesión más valiosa, un grupo especial dentro del conjunto. Estos sí expresan en su vida el llamado de Dios a ser un pueblo santo, especial, apartado; ellos sí son sal y luz, una referencia clara en un mundo de confusión.[38]

Estos que esperan en Dios no serán defraudados, el Señor anuncia el día que actuará y recompensará.

Este grupo especial no es un grupo perfecto, pero ha tomado en cuenta su condición y, en lugar de culpar a Dios, le buscan y le honran. La respuesta de Dios es el perdón. Han mostrado con sus actos su adhesión a él. Aunque muchos son los que se confiesan israelitas, son estos quienes reciben la aprobación de Dios porque su conducta confirma sus palabras.

La salvación es por gracia, siempre. Pero la vida de salvación y santificación requiere una conducta que merezca la aprobación de Dios. Si decimos que somos creyentes, ¿refleja nuestra vida la conducta de un hijo de Dios? Da igual los años de ministerio que lleves, no es por la acumulación de años o de experiencia, la cuestión es cómo se va transformando nuestra vida a la imagen de Cristo y cuánto me falta. El primer interés de Dios no es su obra, somos nosotros. Me sorprende el texto de Pablo en Gálatas 1:16 cuando habla del propósito de Dios para su vida. Sí, era hacerlo un heraldo del evangelio, con sufrimientos y testimonio ante reyes (Hch 9:15-16), pero en su propia experiencia percibe que lo principal es que Dios quiere trabajar con su propia vida: revelar a su Hijo en él. ¿No es tremendo que Dios nos estime de tal manera? Honrémosle y seamos su especial tesoro. Esto será de estímulo para otros y un ejemplo en el servicio.

18 Entonces os volveréis, y discerniréis la diferencia entre el justo y el malo, entre el que sirve a Dios y el que no le sirve.

(3:18) La comprensión final

Trasladados al día de la actuación de Dios, allí se revela quienes han servido a Dios. El tiempo de referencia puede ser el momento en el que Dios

---

38. Dt 7:6; 14:2; 26:18; Sal 135:4.

juzga el pecado en su pueblo (cf. Ap 2–3 con sus juicios particulares a las iglesias; 1 P 4:17) o el juicio definitivo, escatológico.

En todo caso, tanto el texto como las parábolas de Jesús nos invitan a no hacer juicios precipitados, a no querer arrancar la cizaña bajo el riesgo de llevarnos también el trigo. El juicio pertenece al Señor. Solo en aquel día de revelación divina en el que Aquel que discierne las intenciones del corazón declare su juicio, será posible el verdadero conocimiento y discernimiento de unos y otros, de justos e impíos, del que sirve a Dios y el que se sirve a sí mismo.

El texto no es una invitación a la pasividad contra el mal, el pecado o una ética incorrecta (1 Cor 5:11 que invita al juicio). La iglesia debe ejercer la disciplina sobre aquellos cuya conducta va contra los principios de la Palabra de Dios; pero no en constituirse jueces de los corazones, como llamados a declarar quién es creyente y quién no, ni a establecer criterios discriminatorios para el presente. Esto corresponde a aquel día del actuar de Dios.

Usamos la exhortación, amonestación, como hizo Dios por medio de Malaquías, para despertar las conciencias y corazones, para acercar a la gente a Dios, para llamar al arrepentimiento, pero dejemos el juicio al Señor. Dejémosle este juicio final sobre el corazón y destino de los oyentes, no sea que, aquellos que consideramos «rameras y pecadores», nos adelanten en el Reino con corazones arrepentidos, mientras nosotros, orgullosos de nuestra propia justicia, podríamos recibir la desaprobación de Dios, viviendo en el presente frustrados bajo una vida de legalismos, como el hijo mayor en la parábola de Jesús (Lc 15).

Porque he aquí, viene el día ardiente como un horno, y todos los soberbios y todos los que hacen maldad serán estopa; aquel día que vendrá los abrasará, ha dicho Jehová de los ejércitos, y no les dejará ni raíz ni rama.

(4:1) [3:19 (TM)]

Los versos finales de Malaquías tienen una dimensión escatológica. Esto no significa que solo se refieran a hechos relacionados con los últimos tiempos, sino, más bien indican el momento en que se ponen en valor las cosas que tienen real importancia, el momento de la evaluación definitiva que indicará, como en un examen, el aprobado o suspenso, sin término medio, la declaración final de justo o injusto, de cielo o infierno.

Nuestras decisiones presentes tienen consecuencias eternas. ¿Qué camino tomaremos? Aunque la perspectiva cambia pasando del presente (3:14, 16) a la futura (3:17) incorporando el lenguaje escatológico del verso 4:1, todavía seguimos, temáticamente, con la diferencia entre el justo y el malvado, como destaca el contraste entre el verso 1 y 2.

El justo, que no perfecto en sentido absoluto, vive su vida enfocada en Dios, en servirle y honrarle. No por ganar méritos, sino, al contrario, por saber que no tiene ninguno y que es la gracia inmerecida la que le ha acercado a Dios. El concepto lo encontramos en la Torá; la elección y redención no se da en términos de merecimiento, declara el Deuteronomio con meridiana claridad (Dt 7:6-8 y 9:4-5):

6 Porque tú eres pueblo santo para Jehová tu Dios; Jehová tu Dios te ha escogido para serle un pueblo especial, más que todos los pueblos que están sobre la tierra.

7 No por ser vosotros más que todos los pueblos os ha querido Jehová y os ha escogido, pues vosotros erais el más insignificante de todos los pueblos;

8 sino por cuanto Jehová os amó, y quiso guardar el juramento que juró a vuestros padres, os ha sacado Jehová con mano poderosa, y os ha rescatado de servidumbre, de la mano de Faraón rey de Egipto.

4 No pienses en tu corazón cuando Jehová tu Dios los haya echado de delante de ti, diciendo: Por mi justicia me ha traído Jehová a poseer esta tierra; pues por la impiedad de estas naciones Jehová las arroja de delante de ti.

5 No por tu justicia, ni por la rectitud de tu corazón entras a poseer la tierra de ellos, sino por la impiedad de estas naciones Jehová tu Dios las arroja de delante de ti, y para confirmar la palabra que Jehová juró a tus padres Abraham, Isaac y Jacob.

La causa de la elección es el amor, gracia y fidelidad de Dios. Fidelidad a la promesa a Abraham y su propósito de bendecirlo. Abraham respondió con fe al llamado de Dios: sal de tu tierra y de tu parentela…, dio un sí a la invitación de Dios y quedó como modelo de hombre de fe (Rm 4). El Nuevo Testamento insiste en la gracia de Dios como única razón para la salvación y en la sola fe como medio para recibirla.

Permíteme un paso más, el justo es aquel que, redimido por Dios, responde agradecido con el deseo de imitar y expresar el carácter del Padre. José, el justo, actuó misericordiosamente con María (Mt 1:19). El justo no es un legalista, tampoco un libertino. Es aquel que sigue el principio básico de la Escritura y ama a Dios sobre todas las cosas y al prójimo como a sí mismo. Que hace de la Ley, luz, no reglamento. Que entiende los principios y los aplica con el mismo corazón del Padre (2 Cor 1:3).

Los soberbios y los malvados no debemos considerarlos dos grupos, sino un mismo grupo que reúne ambas características. La soberbia, arrogancia, orgullo, es el pecado que está en la base de la maldad porque desprecia a Dios y actúa según sus propios criterios. Por eso se insiste en que Dios «resiste a los soberbios y da gracia a los humildes» (St 4:6; 1 P 5:5; Prov 3:34; Sal 138:6; Mt 23:12).

Desde un punto de vista moralista, nos podemos fijar en determinados pecados para anatemizar, condenar, señalar a las personas. Generalmente, en la lista de los peores pecados están los de carácter sexual. Estos no se deben trivializar o pasar por alto (1 Cor 5:1ss.), afectan tanto al individuo como a las relaciones personales. El problema es que olvidamos con frecuencia un pecado más grave: el orgullo, del que ninguno estamos exentos, del que todos en algún momento hemos sido o somos culpables. El orgullo que, desechando a Dios, nos lleva por nuestros propios caminos, nos constituye en jueces de otros, toma dominio sobre otros, hiere. Que nos justifica en nuestra conducta, que nos sitúa por encima de los demás, que conduce a la rebeldía contra Dios, que nos impide el reconocimiento de nuestras propias debilidades y pecados, y con ello el arrepentimiento que conduce al perdón y la restauración.

Como hemos visto, desde Proverbios hasta el Nuevo Testamento denuncia este pecado como especialmente grave, pecado que impide el rico fluir de la gracia de Dios hacia nuestras vidas. La soberbia conduce a la maldad y la impiedad, y no hay paz para los impíos. ¿No es el orgullo el causante de muchos males en el pueblo de Dios, de las divisiones en las iglesias, de la falta de arrepentimiento?

Solo la humildad, el reconocimiento de nuestra condición y necesidad de Dios abre la puerta, de nuestro lado, a sus bendiciones. Bendiciones que derrama pero que el orgullo impide recibir. Como un pobre que en lugar de abrir su mano la cierra y las monedas caen al suelo.

El juicio bajo la imagen del juego y el desarraigo y destrucción (ni raíz, ni rama) recuerdan el mensaje de Juan en el Jordán (Lc 3:17) y el Salmo 1, los malos son como el tamo. El servicio o el ministerio no nos salva del escrutinio de Dios, más bien, al contrario, demanda más de nosotros (St 3:1). Y esto no para vivir el servicio desde el miedo, sino desde la responsabilidad y sensibilidad a la Palabra de Dios, para corregir en nosotros lo deficiente (1 Cor 9:27).

2 Mas a vosotros los que teméis mi nombre, nacerá el Sol de justicia, y en sus alas traerá salvación; y saldréis, y saltaréis como becerros de la manada.

(4:2) [3:20 (TM)]

Después de describir el fin de los soberbios, el texto contrasta el final de los justos, final que se convierte en un vibrante principio, pues para ellos nacerá el «sol de justicia». Esta promesa se conecta con 3:16, recordando a los que temían a Jehová. La imagen es la de un nuevo amanecer que irrumpe con un brillo especial; los rayos del sol no solo traen luz, sino también sanidad. Este nuevo amanecer supone la vindicación de los justos con un «para vosotros» (RVR95) enfático, ha llegado el momento en que se cumplan los anhelos de su corazón.

Con la justicia trae salvación para los justos, la redención definitiva del mal, la liberación de la opresión y de la injusticia. Un cambio radical que transforma toda la situación. Es la celebración de la actuación de Dios.

No sé si te gustarán las películas del oeste, pero ilustran el caso. Imagina una ciudad que vive la opresión de los injustos, que quizás ha crecido con los negociantes de ganado o la búsqueda de oro, bulliciosa y rica pero a la vez corrupta, injusta, violenta. Hasta que llega la intervención del libertador, termina con los malos, termina el mal, y se inicia un nuevo comienzo, hay paz. El nuevo comienzo que esperamos es el que Dios llevará a cabo instaurando la justicia y la salvación que traerán un nuevo 'Shalom', la verdadera paz para su pueblo. La armonía de un mundo nuevo.

La dimensión escatológica del texto apunta a su realización mesiánica (cf. 3:2, 5). Este cuadro, de una aparente sola imagen, se desdobla en el Nuevo Testamento a semejanza de aquellos cuadros de una imagen de fondo impresionante como una gran y única escena, pero que esconden otras imágenes más minuciosas que solo percibimos cuando nos acercamos y vemos el detalle. Como los cuadros en 3D en los que se ocultan imágenes invisibles a primera vista, pero que después aparecen con nitidez.

La clave es Cristo. Él desvela lo oculto o aparentemente contradictorio. Sus promesas de bendición se cumplen pero pasando por la cruz, piedra de escándalo para los judíos, tropiezo y locura para los gentiles. Él es el «sol de justicia», el que trae salvación y sanidad. El buen Pastor que apacienta, cuida y guía a sus ovejas (Jn 10), trayendo alegría, gozo, paz y seguridad (Rm 14:17).

3 Pisotearéis a los malos, los cuales serán ceniza bajo las plantas de vuestros pies en el día en que yo actúe, dice Jehová de los ejércitos. (RVR95)

(4:3) [3:21 (TM)]

La promesa de este verso se describe con imágenes de victoria sobre los enemigos, como es habitual en otros textos del Antiguo Testamento.

«Pisotear» evoca la imagen del rey victorioso que coloca su pie sobre la cabeza del enemigo en señal de victoria absoluta y de la sumisión completa de este. Los justos están del lado del vencedor. Igualmente, la imagen de la ceniza indica su total destrucción, su nulo valor. Como ciudad reducida a escombros, ya no presentará oposición ni tendrá poder el opresor, ha quedado reducida a nada.

Este lenguaje de destrucción y venganza resulta un tanto ajeno a la imagen de Dios de quienes se conforman con una lectura superficial de la Biblia buscando la complacencia de un dios hecho a la propia medida y que se acomoda a nuestros gustos. Sin embargo, es un lenguaje que despierta en nosotros un aspecto importante del mensaje bíblico. El Dios de amor es también el Dios de justicia, santo, apartado del mal, que no tolera el pecado, que juzga el mal. El Dios que en su soberanía y sabiduría ha provisto de salvación por gracia al pecador, pero al elevado coste de la vida del Hijo. No fue una salvación que salió gratis para Dios, se pagó lo que no podemos calcular, para que a nosotros se nos ofreciese gratuitamente. La ira de Dios está contra el pecado, y contra el pecador que no se arrepiente. De ahí la invitación de Dios: volveos a mí y yo me volveré a vosotros.

Quienes se han refugiado en Dios y ahora buscan una vida de justicia se encuentran en muchas ocasiones asediados por el mal. Apocalipsis recoge el sufrimiento de los cristianos que han muerto por su fe y claman por venganza, la de su sangre derramada, como la de Abel, la sangre de los justos, víctimas de la injusticia. El triunfo definitivo de Dios traerá consigo la vindicación de su pueblo que sufre en el presente el asedio del mal y lo resiste.

¿Cómo compaginar esta imagen y esta perspectiva con el llamado del Maestro a amar y orar por nuestros enemigos? Mientras reclamamos justicia, ¿podremos seguir el ejemplo de Jesús o Esteban que en la muerte rogaban a Dios por sus asesinos?

Epílogo
(4:4-6)

4 Acordaos de la ley de Moisés mi siervo, al cual encargué en Horeb ordenanzas y leyes para todo Israel.

(4:4) [3:22 (TM)]. Acordaos de la ley de Moisés

La mención de Horeb concreta esta ley, ya conocido y reconocida por Israel. Pero, además, sitúa a Israel en el marco de un compromiso: el pacto sinaítico, y bajo unas ordenanzas específicas.

Sin duda, este es uno de los temas espinosos para tratar en nuestro contexto protestante. La relación de la iglesia con el pacto del Antiguo Testamento toma diferentes posturas que tienen gran relevancia en la comprensión del estudio de las Escrituras.

Sin poder profundizar, tampoco podemos pasar por alto la cuestión. El mandamiento explícito demanda responder: ¿Es también para nosotros, o esto fue o será una demanda específica para Israel? Algunos pueden responder de inmediato: no estamos bajo la ley, sino bajo la gracia (Jn 1:12, 14); otro puede responder al momento: seguimos bajo la ley, Cristo no vino a abolirla sino a cumplirla (Mt 5:17). ¿A quién le damos la razón puesto que ambos presentan argumentos bíblicos? Es como mirar el monte desde dos perspectivas, norte y sur, una enfocando el sol que reluce y da brillo a la vegetación, la otra indicando las sombras y el musgo. Viendo la misma montaña, describiendo dos caras diferentes, una montaña que contiene ambas verdades.

Creo que la teología debería siempre estar al servicio de la interpretación bíblica y no al revés. En la práctica, en muchas ocasiones, el camino es a la inversa ya que acudimos al texto bíblico con nuestro marco, nuestro esquema, en el que encajamos los textos de las Escrituras.

Leamos siempre el texto, y enfatizo el leer, con ojos atentos, oídos nuevos, situándonos en la posición de los que oyeron el mensaje, en el marco de la totalidad de las Escrituras y, especialmente, a la luz de la persona y la obra de Cristo que es la clave interpretativa más importante. Así podremos extraer los principios aplicables para nuestra situación presente.

La ley era el marco que proveía la cosmovisión de Israel, que lo diferenciaba de otros pueblos (Dt 4:6).

Por otro lado, contenía pautas específicas para la conducta de Israel en la tierra de la promesa, la tierra otorgada con Dios con el propósito específico de que fuesen una luz en medio de los pueblos. Estas leyes regulaban tanto los asuntos cúlticos como los de carácter social como teocracia.

La ley sigue ofreciéndonos el cuadro general de la cosmovisión bíblica: el mundo tiene su origen en Dios, en el único Dios, Creador y Señor de todo. El hombre es una creación especial de Dios, es su imagen. El pecado es destructor, nos separa de Dios, y es Dios quien toma la iniciativa y nos sale al encuentro. Dios tiene un plan de salvación y lo desarrolla a través de la promesa a Abraham, fundamento de los demás pactos, y se alcanza a través de la fe. Las raíces de todo creyente se encuentran en el Génesis, con Abraham como modelo (Rm 4:11-12).

El decálogo presenta el carácter de Dios y las demandas básicas del pacto. Las ordenanzas y leyes plantean a Israel cómo vivir y aplicar el pacto en su contexto, desarrollando aspectos concretos en el devenir histórico del pueblo.

Como relato del obrar de Dios –con esto quiere indicar la función pedagógica de la ley como historia revelada–, la ley sigue siendo lección clave para el cristiano (Rm 15:4; 1 Cor 10:11), aunque estemos en otro contexto y no nos situemos de nuevo bajo la ley (Rm 6:14; Gá 2:21; 5:4). Esto es especialmente importante para quienes hacen un fuerte énfasis en la distinción entre la dispensación de la ley y la gracia y, quizás, relegan el Antiguo

Testamento a un segundo plano. Sus lecciones prácticas siguen siendo actuales, o no estaríais leyendo este comentario, no solo como información del pasado, sino como lección que da forma a nuestro presente, que nos educa y guía en la fe, que nos enseña sobre Dios y sobre sus demandas.

La venida de Jesús supuso un cambio de época, una nueva dispensación –esta es al menos mi postura–, que establece nuevos principios, una nueva relación, pero que no rompe con el Antiguo Testamento, sino que lo lleva a su máxima expresión (Mt 5–7), superándolo. La ley no ha sido abrogada sino cumplida, y por ello también superada. No superada en cuanto a modelo-referencia, sino como sistema. Sus principios, como principios de Dios, permanecen. Sus demandas particulares –me refiero aquí a las leyes cúlticas, sociales y la casuística–, han sido superadas en el Nuevo Testamento. Pero, sobre todo, el cambio se da en la ley como sistema, ya que en el Antiguo Testamento la ley es un agente externo que guía y provee el marco de la conducta del pueblo de Dios. Un agente externo que, finalmente, solo puede revelar nuestra condición pecadora, aunque, como tal, la ley es buena y perfecta (Rm 7). A partir de Cristo y el envío del Espíritu, lo bueno que la Ley demanda es posible por la acción interna del Espíritu que Jesús, exaltado, ha enviado a los que creen en él.

¿Por qué, entonces, sigue siendo importante la ley (en su dimensión legal)? Porque el corazón del hombre es engañoso y la ley sigue declarando el pecado del hombre. Lo que ha sido superado de la ley no son sus principios, que expresan el carácter de Dios, sino sus normas y leyes que apuntaban a Cristo (como el sistema sacrificial). Estos principios se repiten en el Nuevo Testamento, tanto en las enseñanzas de Jesús como en las de los apóstoles.

Bajo el Nuevo Testamento no estamos bajo la «letra», pero tenemos un mayor compromiso, que la misma Palabra de Cristo more en nuestros corazones (Col 3:16).

Excurso: el sábado y las leyes dietéticas

Al considerar la importancia y aplicación de la Ley a nuestro contexto, el tema del sábado y las leyes dietéticas provee un ejemplo práctico sobre esta cuestión. Ni olvidar la ley de Moisés ni quedar bajo la ley.

Dos cambios resultan relevantes y significativos en el Nuevo Testamento respecto a la ley (escojo estos dos como podrían ser otros). El primer cambio es sobre el sábado. Para no extenderme solo recordaré la reinterpretación del sábado que Jesús hizo, no aplicando las tradiciones judaicas sobre este, sino buscando su verdadero sentido. La declaración programática de Jesús cambia toda la perspectiva y recupera el sentido original: el hombre no fue hecho para el sábado sino el sábado para el hombre (Mr 2:27, recordemos que el sábado es el día de reposo). Es un día para disfrutar del trabajo realizado, de la comunión con Dios. Un día en el que Dios trabaja y Jesús trabaja en favor del hombre (Jn 5:17). El cambio se produjo cuando los primeros cristianos comenzaron a reunirse y celebrar el día de la resurrección, el primer día de la semana, día de la nueva creación en Cristo, en lugar del sábado.[39]

El segundo cambio relevante es sobre las leyes dietéticas que ocupan un lugar importante en la legislación levítica y eran señal de la pertenencia al pueblo de Dios. Su relevancia queda patente en la resistencia de Pedro a comer animales inmundos (Hch 10:15; 11:9), a pesar de que en teoría ya había comprendido la enseñanza de Jesús al respecto (Mr 7:19). Aparte del valor higiénico que podrían tener estas leyes dietéticas, su función fue recordar a Israel que eran un pueblo diferente, separado para Dios. Sus ropas, comida, ritos, leyes, cada aspecto de la vida quedaba bajo esta perspectiva, y se recordaba con diferentes leyes. La actualización de estas leyes no creo que se deba trazar desde la alegorización, sino desde el principio de que todo lo que hacemos, aun lo que comemos, tiene que ser para la gloria de Dios (1 Cor 10:31). La ingesta o abstinencia de alimentos no está en función de una lista, sino de aquello que en un determinado contexto puede ser de bendición o edificación, en contraste con lo que destruye (Rm 14).

5 He aquí, yo os envío el profeta Elías, antes que venga el día de Jehová, grande y terrible.

(4:5) [3:23 (TM)]. Os envío al profeta Elías

A la referencia a la ley se añade ahora la palabra profética representada en el anuncio del envío del profeta Elías. Ley y profetas resumen el conjunto

---

39. Mt 28:1; Mr 16:2, 9; Lc 14:1; Jn 20:1; Hch 20:7; 1 Cor 16:2. Es claro y significativo que los cristianos adoptaron otro día, diferente al sábado, para sus encuentros y que su referencia fue el día de la resurrección. Esta vindicó la persona y obra de Jesús, así como inauguró los tiempos escatológicos el cumplimiento de las promesas del Antiguo Testamento, que tendrán su realización plena en la segunda venida.

del Antiguo Testamento (Mt 17:3 y par.).[40] Moisés y Elías representan respectivamente Ley y Profetas.

Para los tiempos de Malaquías, este concepto canónico no estaba desarrollado. La Torah era la referencia fundamental, pero se reconocía el valor e importancia de la palabra profética. Tengamos en cuenta que Malaquías forma parte de estos profetas.

Elías representa la institución profética, que actualiza y aplica la ley de Dios a las circunstancias concretas que vive el pueblo. El profeta denuncia la idolatría y llama a volverse a Dios guardando su palabra. Anuncia el juicio y llama al arrepentimiento como única vía de escape. Es un vocero de Dios, suscitado por Dios, que interviene especialmente en tiempos de crisis, cuando el pueblo de Dios se ha rebelado contra él o ha decaído en su misión. En ambos casos el juicio, está a las puertas y Dios advierte del peligro e invita al arrepentimiento.

En el Nuevo Testamento, esta función está claramente representada por Juan, tal como aparece en el bautismo de Jesús (Mt 3:7-12). Es un tiempo de crisis, no tanto por la idolatría en este caso como por la confusión de principios que condujeron a una religiosidad de autojustificación y orgullo (Lc 18:11), Juan el Bautista advirtió que el juicio estaba a las puertas y aconteció una generación después; así preparó el camino del Señor. Jesús conectó esta profecía con Juan el Bautista (Mt 17:11-13).

Aun para quienes consideramos que la revelación está completa en el canon bíblico, la misión profética no ha concluido. La iglesia tiene una misión profética denunciando el pecado, empezando por el propio pueblo de Dios (1 P 4:17), advirtiendo sobre las consecuencias y preparando la venida del Señor por medio del llamado al arrepentimiento y siendo instrumentos del obrar del Espíritu en los corazones.

El día de Jehová. La conexión entre la misión de Elías y la venida del Señor ya ha encontrado su referencia en el Nuevo Testamento en los ministerios de Juan y Jesús.

Por otro lado, la venida del Señor, referencia escatológica final, definitiva, también está jalonada de «venidas» concretas que son igualmente grandes y terribles. La visión escatológica del texto no debería impedirnos reconocer estos juicios, llamémosles particulares, que se dan a lo largo de

---

40. «...vemos tanto Moisés como Elías, en el Nuevo Testamento... son representantes del Antiguo Testamento y se personan para autentificar a Jesús como el Mesías y el Hijo de Dios». P. Asam, Oseas, Hageo y Malaquías, Barcelona, Andamio: 2014.

la historia. Israel ya era consciente que habían padecido estos juicios en los que la actuación de Dios en juicio había supuesto la destrucción de Samaria en el 722 a. C. y, posteriormente, la de Jerusalén casi un siglo y medio después. El juicio anunciado aquí, en Malaquías, tiene un primer momento en la destrucción de Jerusalén en el año 70 d. C., como consecuencia del rechazo del Mesías por parte del pueblo judío.

La iglesia todavía debe ser consciente que puede tener una visita en juicio del Señor. Esta fue la advertencia a las iglesias de Éfeso, Pérgamo, Sardis y Laodicea en Apocalipsis (2:5, 16; 3:3, 19). El anuncio a Éfeso: «quitaré tu candelero», indica la desaparición de la iglesia. No supuso el fin de esta, ya que las puertas del Hades no prevalecen contra ella (Mt 16:18), pero sí el juicio y remoción de esta iglesia concreta. Por ello, la importancia de escuchar lo que el Espíritu dice a las iglesias. Si importante fue la palabra de Elías, ¡cuánto más la que pronuncia Jesús! (Ap 2–3), y no hago aquí una diferenciación canónica o de valor, sino a Jesús como revelación definitiva de Dios y su mensaje concreto para las iglesias.

La bendición y la maldición siguen a las puertas de las iglesias, no en términos económicos. Dios nos ha llamado para bendecirnos, pero rebelarse contra él y no atender la misión que nos ha encomendado solo puede acarrear disciplina y ausencia de bendición espiritual.

Pedimos lluvia de bendiciones, pero ¡cuidado no hayamos extendido un paraguas que nos impida recibirlas!

Concluyo sobre el día de Jehová, tema extenso y complejo, que no nos enfoquemos tanto en cuándo y cómo ocurrirá (Hch 1:7), aunque es legítimo y bueno estudiarlo, sino en cómo nos encontrará el Señor cuando venga. Ya sea en su venida definitiva, o en su paseo de supervisión sobre el estado actual de sus iglesias.

6 Él hará volver el corazón de los padres hacia los hijos, y el corazón de los hijos hacia los padres, no sea que yo venga y hiera la tierra con maldición.

(4:6) [3:24 (TM)]. Llamado a la reconciliación

El texto de Malaquías se acaba con una solemne advertencia que cierra los versos 4:4-6.

Nos sitúa ahora en el contexto de las relaciones familiares. Anteriormente ya trató el compromiso matrimonial (2:14ss.), ahora está enfocado en el vínculo padres-hijos.

La responsabilidad de los padres. Pero ¿por qué dice esto en este versículo y qué significa? Una primera impresión, al sumergirnos en el ambiente histórico de Malaquías, es que Israel había perdido una parte importante de su misión: la transmisión de la fe a la siguiente generación. La actitud de queja de los ministros del altar no podía esperar fervor en el ministerio ni preparar a la siguiente generación para una adoración a Dios ferviente. Su desencanto, ritualismo, no se preocupó de trasladar el amor por Dios a los hijos, el privilegio de servir en el ministerio.

Esto conlleva una gran responsabilidad. Nuestra forma de vivir y hacer el ministerio multiplica discípulos o los espanta, ¿cómo vas con esto? Confieso que esta es, en no pocas ocasiones, la pregunta sobre mi propio ministerio cuando las tareas, problemas, falta de apoyo, acercan el desánimo.

La pasión por Dios, sin fanatismos religiosos, una vida que se entrega en libertad, por amor, resulta contagiosa. El servicio realizado por obligación, más preocupado por las reglas que por el sentido de ellas, se convierte en una pesada losa que invita a huir. Las reglas son importantes como un medio, no como un fin. Por ejemplo, el cuidado en la elección de los animales para los sacrificios, sin defecto, no era tanto la norma sino la expresión de un corazón generoso y agradecido a Dios, que ofrecía lo mejor como respuesta a su bondad. Los animales dañados que presentaban no eran sino la evidencia de un corazón que estaba lejos de Dios. Tampoco la abundancia de sacrificios es necesariamente un signo de piedad. En tiempos de Amós se ofrecían de manera abundante, pero solo como un acto religioso externo, muestra de orgullo y complacencia propia, no de corazón, por ello el Señor clama: «¡Buscadme, y viviréis!» (Am 5:4).

La excelencia es lo que busca el Señor, hacer lo mejor, porque un corazón agradecido no puede hacer ni ofrecer otra cosa a nuestro Dios. Ni el formalismo, ni el legalismo fariseo, ni el descuido responden adecuadamente a la gracia.

La responsabilidad de los hijos. El llamado aquí es volverse de una actitud de rebeldía, así hace la lectura del texto Lucas (Lc 1:17, y de los rebeldes a la prudencia de los justos).[41]

---

41. Esta referencia en Lucas lleva a algunos autores a entender la referencia anterior a los padres como «los piadosos antecesores de Israel», así H. Wolf, ibíd., p. 131, y P. H. Kelley, Malaquías,

Para el cambio es necesario que presentemos un modelo válido, auténtico, fiel a lo que debe ser el ministerio y la vida cristiana. No pocos hijos han abandonado la iglesia bajo la denuncia de la actitud hipócrita de sus padres. La mera exigencia o manipulación de culpabilidades, haciendo sentir culpable a quien no se sujeta a nuestras exigencias, no sirve a la larga. Solo la convicción y relación con el Señor sustenta el ministerio personal de cada creyente.

La crisis familiar se traduce en maldición de la tierra. En el Antiguo Testamento, la posesión y disfrute de la tierra estaba sujeta a la obediencia y, dentro de este aspecto, tenía mucha importancia la transmisión de la fe (Dt 4:5). Dejar a Dios o desencantarse de Dios abre las puertas a la idolatría, tanto aceptando otros ídolos como el propio egoísmo, que traen maldición. Esto se traduce en el mal funcionamiento familiar, que es tanto un síntoma de decaimiento social como anuncio o presagio de la destrucción de la propia sociedad.

En otras palabras, Malaquías dice: hay que cambiar, arrepentirse, y cambiar… ¡ya! Es urgente la conversión a Dios, no hay otra salida si queremos evitar la destrucción.

Hoy, la fe cristiana choca con una cosmovisión muy diferente de la familia. Frente a una sociedad que se desintegra, la mejor apologética es presentar el modelo bíblico de relaciones familiares en los que la fidelidad del esposo y la esposa, y el amor de padres e hijos, presenten y construyan una alternativa sólida y esperanzadora para las nuevas generaciones.

El libro de Malaquías nos ha permitido un vistazo histórico a una situación de crisis que sin duda tiene paralelos con nuestro momento presente. Nos ha acompañado para conectar sus temas y mensaje con el Antiguo Testamento y nos ha colocado a las puertas del Nuevo Testamento y el cumplimiento de la venida del Mesías, pero, sobre todo, espero que nos haya retado a un examen de nuestras vidas y nuestro ministerio delante de Dios, por medio de este diálogo directo que Dios abre con nosotros. Tenemos el enorme privilegio de servir al Gran Rey, misericordioso y generoso. Démosle toda la honra y gloria que merece.

---

reavivar el fuego de la fe, p. 122, El Paso, CBP: 1987. La cuestión es, ¿en qué sentido el corazón de los padres también debía volverse hacia los hijos?

Bibliografía

Comentarios a Malaquías y Profetas Menores

Abrego, J. M. (1993). *Los libros proféticos*. Estella, Navarra: Verbo Divino.

Adam, P. y otros. (2014) *Oseas, Hageo y Malaquías* (col. Comentario Antiguo Testamento Andamio). Barcelona: Andamio.

Campbell, G. (1984). ¡Me han defraudado! Misiones. Argentina: Ed. Hebrón.

Feinberg, C., L. (1989). *Los Profetas Menores*. Deerfield, Florida: Vida.

Gillis, C. (1991). *El Antiguo Testamento: Un Comentario Sobre Su Historia y Literatura, Vol. V*. El Paso: Casa Bautista De Publicaciones.

Greathouse, W. (2010). *El Libro de Malaquías* (Comentario Beacon, tomo V). Lenexa, KS: Casa Nazarena de Publicaciones.

Guevara, A. (2016). *Pastores de carne y hueso*. Bogotá: CLC.

Jamieson, R., Fausset, A. R. y Brown, D. (2003). *Comentario exegético y explicativo de la Biblia*. US/Canadá: Software bíblico Logos.

Kelley, P., H. (1987). *Malaquías; Reavivar el fuego de la fe*. Nashville: CBP.

Lasor, W. S. y otros. (1995). *Panorama del Antiguo Testamento*. Buenos Aires: Nueva Creación.

Ward Gasque, W. (1986 -1 ed. 1979). *The International Bible Commentary* (ed. F. F. Bruce). Grand Rapids: Zondervan.

Wickham, P. y Glasscock, T. (1985). *Hageo, Zacarías, Malaquías.* Madrid: CEFB.

Walvoord, J. F., y Zuck, R. B. (2001). *El conocimiento bíblico, un comentario expositivo: Antiguo Testamento, tomo 6: Daniel-Malaquías.* Puebla, México: Las Américas, (para Malaquías Craig A. Blaising).

Wiersbe, W. (2002). *Llamados a ser siervos de Dios.* Grand Rapids: Portavoz.

Wolf, H. (1980). *Hageo, Malaquías (rededicación y renovación).* Grand Rapids: Portavoz.